Mo Tu We Th Fr Sa Su DATE

挥洒在“东非屋脊”的国网情

埃塞俄比亚的复兴大坝水电站送出 500 千伏输变电工程（GDHA 工程）是中国国家电网有限公司目前在海外竣工的规模最大的输变电工程，也是东非目前线路最长、电压等级最高、输送容量最大的输变电工程，更是“一带一路”的示范工程。大坝输出的电力经过德德萨（Dedesa）、霍莱塔（Holeta）两座变电站，其中霍莱塔站是世界规模最大的 500 千伏变电站。

GDHA 工程凝结着中非友谊，对改善埃塞俄比亚电网结构、解决首都亚的斯亚贝巴地区电力供应紧张问题将发挥显著作用，对促进清洁能源外送和构建全球能源互联网具有重要意义。

国网湖北省电力有限公司作为曾负责过中国第一座 500 千伏超高压输变电工程运维的单位，在国家电网有限公司的总体部署下，挑选了 45 名思想过硬、技术精湛的专业技术人员，于 2017 年底踏上非洲大陆。

这批人员中，大多数是“70 后”“80 后”“90 后”，他们在这片原始而陌生的土地上，开展了为期 3 个月的验收、调试、送电工作。从接到任务起，他们便立志把中国的电力技术和管理方法带到那里，为非洲屋脊点亮明灯。

2018 海外履责故事汇

中国电力出版社
CHINA ELECTRIC POWER PRESS

挥洒在
“东非屋脊”的
国网情

Mo Tu We Th Fr Sa Su DATE

“70后”老青年体味原始作业

初到埃塞俄比亚，路边跑来跑去的羚羊、头顶货物的妇女、露出白牙大笑的小孩们、稀奇古怪的非洲食物……一切都很新鲜、很有趣，可工作起来远没有这般美好。

输电运维班班长孙忠慧是有着多年线路作业经验的“老高子”（老手），但面对埃塞俄比亚陌生的地况，他心里也不免发怵。有的地方没有路，车开不进去，只能靠脚走，当地的山岭起伏不大，但因为海拔高，走一段路远比在平原累得多。

负责线路验收的一行人穿行于丛丛灌木中，在蜿蜒曲折的小河里踩着石头跳来跳去；用斧头除去线路障碍，用树杆测量距离。为防带疟疾病毒的蚊虫叮咬，他们只能在高温下穿着长袖衣服，衣服干了湿、湿了干。沿途荒无人烟，更没有餐馆。饿了，方便面就是午餐，如果能吃上几口榨菜，那简直就是天下美味。

“当地的一些食物我们不敢吃，因为不敢生病啊！万一因为生病而影响了工作进度就麻烦了。”孙忠慧说。

在1100公里的线路上，他们发现缺陷540项，督促施工调试单位处理缺陷420项，并编制了巡视、定期维护轮换试验标准作业卡80份，工作难度和强度之大不言而喻。

“独行侠”裴知明是队伍里唯一的通信专业验收人员。这次工作的归期是待定的，他也不知道自己要在埃塞俄比亚待多久，让他心里有些放不下的是家里年幼的孩子和多病的老人。

然而，背负使命的他，毅然决然带着自己编制的验收作业指导卡和厚厚的专业技术规程来到埃塞俄比亚，历时56天，一人完成了德德萨、霍莱塔两座变电站通信缺陷排查和两条OPGW光缆传输质量的验收，并现场督促整改各类问题37项。

累的时候，他们也困惑：抛家弃子来到这个地方为了啥呢？但当他们看着一座座铁塔架着高压电线穿梭在埃塞俄比亚的山岭中，想到埃塞人民今后的日子将会因自己的努力工作而改善，一种民族自豪感油然而生。埃塞人民的感激和微笑，让他们忘记了辛苦，如沐春风。

Mo Tu We Th Fr Sa Su DATE

“80后”青壮年克服困难考验

近年来，埃塞俄比亚社会动荡不安，给中方人员带来很多安全威胁。特别是在2018年2月，埃塞俄比亚总理辞职，当地社会局势更趋紧张，网络、电话不时被屏蔽，与国内失联的情况常有发生。

29岁的变电运维人员郑文，在完成一天的工作后突然接到国内的电话，得知妻子正带着突然高烧近40度的女儿在医院通宵排队，就在他担心地打听孩子的情况时，电话竟然断了！

郑文焦急地举着手机到处找信号，却怎么都没法再接通。

那晚，他整夜没睡，坐在地上等消息。

到了早上，他把手机交给进城的同事，用手随便抹抹脸就开始了一天的工作。

等同事从有信号的位置带回妻子的一条短信：“查了血是细菌感染，开了药回家吃，小家伙刚睡下，放心！照顾好自己！”他悬着的一颗心才放下来。

回国后郑文才知道，那次孩子病了十天，妻子熬了三个通宵。

由于社会局势和工作的特殊性，变电运维人员是不允许随意走出变电站的。

非洲的地理条件和气候与国内有着很大差异，难免有些人会水土不服。有一天，“80后”的二次验收人员李璐突然上吐下泻发高烧，担心自己患上疟疾，才第一次走出变电站，花了几个小时到首都去抽血检查。

这是他在埃塞俄比亚去得最远的地方。

从医院检查回来后，这个年轻人仍然坚持参加核查和早晚会，当地人直竖大拇指。

在埃塞俄比亚期间，变电运维人员共编制了标准化验收作业指导卡5722份，消除变电缺陷226项。当解决了排查出的故障、促成德德萨站送电成功的时候，他们早已将艰难的经历忘在脑后，内心满满的都是骄傲和自豪。

Mo Tu We Th Fr Sa Su DATE

“90 后”小青年感受艰苦生活

一次援埃塞，别样的体验。

这批技术人员大多是自己主动报名参加的，变电运维人员李霄就是其中一个，可令他没有想到的是，实际工作情况要比想象中艰苦得多。

因长期缺乏人员值守，德德萨站内有些灯泡、螺丝等小东西经常被盗。这些东西值不了几个钱，可是在工业不发达的埃塞俄比亚，有钱都买不到。

“这些看起来拎不上筷子的事常常影响验收进度，也增加了验收的难度。”李霄感叹地介绍。

当地电网不稳定，经常停电，他们必须抓紧时间，在有电的时候把所有设备和检测项目一一检查、记录、核实，才能进行缺陷消除并方便下一批来的同志，每天的任务都很饱满，没有节假日一说。

没有电，手机、电脑没法用，高温没有电风扇，最惨的是连洗碗、洗澡的水都没法用水泵抽上来。怎么办?变电运维人员只好随便用纸擦擦碗，让出去跑线路的同事先洗澡。回国后，他们的工作服全部变得硬邦邦没法洗干净……可让他们最难熬的不仅仅是这些，还有难以言状的寂寞和枯燥。

“关在变电站的铁丝网内，只能白天看猩猩、晚上数星星。”李霄笑道。

在前期验收及调试送电工作结束后，队员们陆续回国，留下了年龄最小的“90 后”小青年梅春晓和具有丰富工作经验的老师傅陈虎。

他俩整日待在变电站里埋头进行收尾工作，孤单的两个人没事就一起探讨专业技术，硬是把枯燥变成有趣。

他俩还一同编制了变电站扩建间隔核相、校极性的调试方案，完成了变电站及输电线路验收标准卡扫描归档，并有幸亲眼见证了德德萨、霍莱塔两座变电站设备 24 小时带电试运行。

回忆起设备带电正常运行的那一刻，梅春晓十分激动，“跟老师傅们在埃塞并肩作战的这三个月，不仅增长了见识，还为埃塞人民带来了光明，这一趟来得太值了！”

Mo Tu We Th Fr Sa Su

DATE

这次非洲之旅对所有参与者都是一次严峻的考验和磨炼，更是一次难得的人生经历。

这些技术人员们本着高度责任感和使命感，手把手地教授专业、高效、规范的技术，为埃塞方面工作人员解决了无数难题；用全英文设计图纸与当地工作人员交流，还探索编写了一整套既符合国家电网有限公司规程规范，又适合当地工作习惯的《现场运行专用规程》；他们促成了两座变电站的永久性带电运行，将来可使埃塞俄比亚电网减少 85% 的跳闸率，为电网今后的安全稳定运行打下了坚实的基础。

后续还将有 24 名人员陆续前往埃塞俄比亚，开展为期一年的变电运维帮扶工作，其中不乏前期参与过验收工作的人员。

若问在那样艰苦的环境和复杂的局势中工作过，这群年轻人还愿意再去吗？他们的回答是，“年轻就是应该吃苦的时候！我还想再去！”

Mo Tu We Th Fr Sa Su

DATE

亚马孙河畔的
“中国丰碑”

Mo Tu We Th Fr Sa Su DATE

亚马孙河畔的“中国丰碑”

源远流长的亚马孙河横贯南美洲大陆，拥有世界上流量最大、流域最广、支流最多的头衔，滋润着有“地球之肺”之称的亚马孙热带雨林。亚马孙平原海拔落差小，开发利用价值不高，充沛的水资源并没有转化为能源优势。宽广的亚马孙河就像一道天堑，将巴西的西北能源基地和东南耗能中心分隔开来。

如今，这条古老的河流上空，一条现代化的钢铁巨龙飞跃而过。两座296米的南美洲最高输电铁塔隔岸相望，用巨大的臂膀撑起输送光明的电力大动脉。这便是500千伏图库鲁伊—欣古—朱鲁帕里输电线路工程。亚马孙河畔的两基跨越塔刷新了南美洲输电铁塔高度、重量、线路跨度、技术水平等多项纪录，是由中国制造的南美奇迹。

因舟山高塔结缘

提到巴西高塔，就不得不说我国的舟山与大陆联网220千伏工程。为了提升舟山电网供电容量，加强供电可靠性，舟山与大陆联网220千伏工程开工建设。工程跨越进出宁波—舟山港核心港区重要航道——螺头水道，往来密集的货轮最大达到10万吨级，是海上贸易的黄金走廊。

为确保航运安全，减少工程施工和运行对航道的影响，工程大帽山、凉帽山跨越塔设计为370米，重达5999吨，创造世界输电铁塔最高、最重纪录；大跨越耐张段长6215米，最大档距2756米，创造世界最长耐张段和亚洲最大档距纪录。自2010年7月1日工程投运以来，两座跨海高塔屹立于东海之滨，标志着我国跨海输电高塔施工技术位居世界领先地位。

Mo Tu We Th Fr Sa Su

DATE

工程的顺利实施也吸引了大洋彼岸的目光，370 米高塔的成功组立让远在两万公里以外的巴西对建设跨亚马孙河输电高塔有了信心。2010 年 10 月，巴西 ISOLUX CORSAN 电建公司前来中国考察高塔工程，在惊叹于工作高效率、管理高效能的同时，力邀工程施工单位——浙江省送变电工程有限公司前往巴西，参与 500 千伏巴西亚马孙河大跨越工程建设，负责两基跨亚马孙河 296 米高塔的施工。就此，我们踏上了前往南美洲的旅程。

亚马孙河畔的东方面孔

刚踏上巴西这片热土，感受到的不是热情的足球和桑巴，而是巨大的气候和生活环境差异。工程所在地位于赤道附近的阿尔梅林镇，全年高温多雨，是典型的热带雨林气候。初来乍到之时，蟒蛇在营地里出没、野生美洲豹在营地外虎视眈眈、蚊虫整晚叮咬，一切都给大家带来不小的困难。

“相对于生活条件的恶劣，我们更担心工程建设进度的滞后。”时任项目经理的彭立新说。受南美洲雨季影响，铁塔基础建设严重滞后，但基础施工单位仍不紧不慢地推进施工进度，给原本紧张的高塔施工计划带来严重挑战。项目团队一方面积极与业主单位沟通，在工期、配套条件、环境政策等方面争取主动；另一方面加强与基础施工方协作交流，在高塔基础施工阶段提前介入，派遣经验丰富的员工一同参与基础浇制工作，硬是将原本计划推迟 4 个月交付的高塔基础按原计划完成，为高塔组立顺利开展奠定了基础。

Mo Tu We Th Fr Sa Su DATE

“大跨越施工程序复杂，巴西当地的因素影响更大，加上设备和工具繁多，施工计算精确性和精细化十分关键，每一步都需要反复计算、推敲、不断创新。”面对纷繁复杂的架线工程，负责架线技术工作的副经理、总工程师孙伟军由衷感慨道。项目部优化施工方案缩短工期，细化现场管控提升质量，在高空压接、弛度观测等重要工序确保一次成功，实现当天竣工验收、当天移交业主。

为了推进工程进度，加强现场安全、质量管理水平，项目部在现场开展“我的高塔我的腿”活动，将每个塔腿的施工人员组成一个班组，从安全、进度、质量三个方面进行比赛；在个人工作方面，现场每周开展劳动竞赛，授予工作认真负责的现场员工“亚马孙之星”称号，在亚马孙河畔传承“风餐露宿讲奉献，优质高效争一流”的光荣传统，发挥员工“攻坚克难，甘于奉献”的“浙送精神”，有效推进了高塔建设正常有序进行。

为巴西倾情奉献

工程建设过程并不是一帆风顺，现场员工付出了难以想象的努力。

刚到巴西不久，大家还在适应阶段，员工李从宝由于水土不服和蚊虫叮咬，晚上 9 点左右突然休克，情况十分危急。项目部第一时间启动应急预案，一边对他进行急救，一边通过公路、水路和空路紧急送往医院，从死亡线上成功挽救回一名年轻员工的生命。

2013 年的春节，我们是在巴西度过的，除夕这天大家依然奋战在施工现场，晚饭时候的加餐让大家体会到了过年的氛围。农历正月十二那天，现场一名技术员正和往常一样进行弛度观测作业，袋子里的电话突然响起，家人的突然来电让他心里咯噔一声，这时候国内应该是后半夜，一定发生了紧急的事。果不其然，他怀有双胞胎的妻子突感不适，紧急送往医院后只保住了一个孩子。听到这个消息，七尺男儿蹲在地上泪流满面，心里满是悲伤和愧疚。“2 号子导线已到位，请复验。”这时，报话机里传来同事的声音，战友们还身处 200 多米的高空等他支援，他本能地站起身来投入工作之中。

Mo Tu We Th Fr Sa Su DATE

在离家万里之遥的巴西，周围的一切都显得神秘陌生，因此员工人身安全也是项目管理重点。整个施工团队实行军事化管理，将员工中的退伍军人组建成巡逻队进行夜间巡逻，设置专人进行食品采购和安全把关。项目部在营地里自己动手建设篮球场和羽毛球场，协调业主单位提供网络服务，在国庆、中秋等节日举办联欢会，丰富员工文化娱乐生活，在确保安全的同时增强员工凝聚力和向心力，在亚马孙河边让大家体会到集体大家庭的温暖。

在南美洲树立丰碑

在巴西优质工程颁奖典礼上，业主项目经理保罗先生对着项目团队久久竖起大拇指，夸赞中国人非常棒。经过 13 个月的建设，南美洲两座最高输电铁塔成功实现“牵手”，在亚马孙河上空勾勒出一道靓丽风景，也在南美洲输电史上留下“中国制造”浓墨重彩的一笔。

2013 年 5 月 10 日，该工程顺利建成投运，每年来自巴西最大水电站——图库鲁伊水电站的 400 万千瓦电能源源不断输送至西北重要城市，对改善巴西区域电网结构、协调平衡区域发展具有重大经济社会效益，也为里约奥运会提供了重要能源保障。

由于工程优质高效的成功实施，巴西电力建设市场对中国施工企业打开大门，巴西第二大水电站——美丽山工程、南美洲第一条特高压输电工程——美丽山送出工程相继由中国电力建设单位参与施工，国家电网有限公司成立巴西控股公司参与电网投资，实现从劳动力输出、施工技术输出到资本输出的飞跃。

如今，来自遥远东方的电网建设者们依然活跃在南美洲热土，为巴西电力事业奉献“中国制造”的力量。

亚马孙河畔的
“中国丰碑”

Mo Tu We Th Fr Sa Su DATE

边境线上的
“光明使者”

Mo Tu We Th Fr Sa Su

DATE

边境线上的“光明使者”

“这雪越下越大了。”蒙古国牧民苏阿克虽然语气还算镇定，但双手已经不自觉地握紧了拳头。簌簌雪声之外，羊圈里一声接一声细弱的“咩咩”叫像针一样刺着他的心。

2015 年 1 月，蒙古国科布多省西部地区遭遇罕见的大雪。然而这条新闻，苏阿克也是大雪之后才看到的。

雪势凶猛，断电了，收不到外界的任何消息。苏阿克起身去羊圈看待产的羊，却发现门已经很难推开。没想到不过几小时的功夫，积雪已经有近半米深。令人头疼的是，大雪完全没有减弱的意思，伴着肆虐的风，气温正在急速下降！苏阿克看到羊圈里混乱不堪，羊群像无头苍蝇一般挤成一团，正要产羔的羊瑟缩地躲在角落里。这样下去，如果没有电，即便产下羊羔，也会很快被冻死。

苏阿克没办法再镇定了，他必须赶到镇上去寻求帮助。这些羊可是他的命根子，他过上好日子的希望。两个月前，他还跟来这里进行线路维护的王所长开心地说：“等冬天过了，羊肥了，您来我家做客吧，您是我们的贵客。”

他心中的这位贵客，是来自于中国的国网新疆电力塔克什肯镇供电所所长王丛新。苏阿克对王所长的邀请源于内心的感激之情。2009 年，随着中国承建的蒙古国布尔干县 35 千伏输变电工程的建成，科布多省西部三县的 2.1 万户居民终于用上了来自中国大电网的电。苏阿克所在的镇最先通上了电。

Mo Tu We Th Fr Sa Su DATE

光明，让苏阿克觉得，他的日子突然改变了许多。每天亮起的灯光，如一股暖流，缓缓流进了他的心。有了稳定的电力供应，苏阿克买了电视机，羊群数量逐年壮大，曾经感觉很遥远的好日子正一点儿一点儿走近他的生活。不过一年的时间，王所长就成为他们这里的红人。他们眼里的这个“光明使者”朴实憨厚，有求必应，帮助他们解决供电问题，大家都亲切地叫他“中国老王”。

然而，面对这样的暴雪天气，苏阿克心里却打了退堂鼓。天天跟大自然打交道的他最清楚，这样的天气出门都困难，谁还会冒着生命危险去检查电路呢？想到家里的情况他又不由得加快了脚步，他在心里说：“总得试试！”赶到镇上，苏阿克已经变成了一个雪人，还有几个牧民也在焦急地等待。

镇长终于拨通了科布多省西三县供电公司总经理阿尤西的电话。阿尤西是跟“中国老王”接触最多的人，同时他更加清楚牧民们眼下的困境。雪灾天气，对于一个牧民家庭来说几乎是致命的。蒙古国以畜牧业为主，供电技术较为落后，遇到较大故障或用电难题，就要向中国塔克什肯镇供电所求助。

工作上的多次接触，阿尤西和老王成了非常好的朋友。面对蒙古国电力人才少、技术落后等问题，阿尤西明白，他必须跟老王多学习，老王更像中国和蒙古国电力之间的一座桥梁，学习、交流，才可以让蒙古国电力有所发展。

这鬼天气，要老王巡查线路，这不是要命吗？然而令阿尤西意外的是，老王先打电话过来，告诉他，排查故障的工作已经开始了。

放下电话，阿尤西的心情无法平静下来。这个中国人多次让他刮目相看，脑海中有几幕片段闪过：有一次在寒风中排查线路，他看到王所长打了个寒战，递棉衣给他，却被他拒绝了，“穿了干活不利落”……王所长总是说电网就像是“光脉”，更是基础命脉，它给千家万户带来了光明，带来了希望！如今想想，阿尤西心中感慨，王所长就是呵护着这条命脉的呀！他立刻动身去见老王，和他们一起工作。

Mo Tu We Th Fr Sa Su DATE

对于苏阿克来说，这是个好消息，他几乎带着哭腔说："我的羊坚持不到明天早上了！我等你们的好消息！"

布尔干口岸完全被大雪笼罩着，天地苍茫一片，一岸之隔的中国塔克什肯镇同样完全笼罩在一片白色之中，镇里与外界的所有交通全部中断。暴雪肆虐之下，全镇断电，锅炉停运。当时，气温已下降到零下 45 摄氏度，户外几乎见不到一个人影。赶到所里的阿尤西无法想象，在这种情况下王所长是怎样带领员工开始巡线的。

大雪填平了沟壑，覆盖住了一切，当然包括常走的巡查路线。汽车显然开不成，供电所便借来了几匹马，踏着 1 米多厚的积雪出发了。可是，雪实在太厚了，走了不到 300 米，马也走不动了。马可以打退堂鼓，但供电员工却不能。王所长立即向镇政府求援。镇政府当即协调了一辆铲车，让供电员工坐在铲车上，一边开道，一边前行。

王所长后来跟阿尤西聊起："开铲车巡线，这在塔克什肯镇供电所的历史上还是首次呢。"

两位老朋友已经不是第一次见了，但在这茫茫大雪里见到，还是很激动。35 千伏阿一塔线全长 20 公里，阿尤西顶着风雪赶到现场和王所长汇合的时候，排查工作正在接近最后 2 公里线路段。这是一段穿越林带的线路，里面有两基杆塔。老王可以肯定，故障点就在这段线路中。然而因为林带里水汽大，厚厚的积雪上已经结了一层硬硬的冰壳，人上去滑得根本站不住，更别说还要背着抢修工具正常行走了。

Mo Tu We Th Fr Sa Su DATE

有那么一瞬间，气氛就像风雪发出的呜咽，透露着无奈与压力。经过6个多小时的抢修排查，大家已经筋疲力尽，都成了雪人，衣服上结满了冰、沾满了雪，几乎要被风雪吞噬，甚至快分辨不清每个人的脸。

然而排查工作就剩下两公里的关键段。阿尤西看着王所长，这个他眼中对工作和责任有着非凡定义的人，正借着微弱的光看着前方，思索下一步怎么办。“看这雪没有停的意思，不如我们等雪下得小一点儿再进行排查吧？”阿尤西建议说。大家的体力都所剩无几了，没有任何工具的支撑，他们也无法再前进一步，阿尤西知道，大家都尽力了。

然而他的话很快被淹没在风雪中。他看到王所长安排大家原地等候，自己背上抢修器材，带着哈萨克族电工苏莱曼，一步一步向着前方爬去。

阿尤西跟在后面，王所长回头拉住他的手说，“两个人就够了，太危险，你带领大家留下来，等我的消息。”

冰面很滑，漫天的飞雪让人睁不开双眼，爬得非常艰难，必须依靠胳膊肘和膝盖为支撑背着抢修器材，而手就成了冰上唯一可以驱动前行的动力了。他们戴的线手套很快就被磨穿，只好直接用手指抠在坚冰上，坚持向前爬行。手指很快就磨烂了，殷红的鲜血洒落在冰面上，他们全然不顾，继续向前爬行，身后留下一路斑斑血迹。一个多小时后，他们终于爬到197号杆塔前，找到了故障点。经过一个多小时的抢修，终于成功排除了故障。

Mo **Tu** **We** **Th** **Fr** Sa Su DATE

这是一次惊心动魄的搏命抢修经历，等全员回到供电所，阿尤西眼含着泪水向王所长无比真诚地敬了个礼，以表达他心中的感激。老王成了他心目中的英雄，从前对老王他是尊敬，如今是敬佩。他忍不住上前拥抱了浑身是冰雪的老王。

在家里焦急等待的苏阿克被突如其来的灯光笼罩。灯光亮起的一瞬间，他手里托着刚刚产下的小羊羔，这是一个新生命迎来的最好的光明。苏阿克的妻子情绪激动地哭了起来，之前种种担惊受怕，终于在这一刻烟消云散了。苏阿克笑了起来，兴奋地对妻子说："看来今年的日子会更好了！"他听到暴风雪依旧在肆虐，然而光明与温暖已经恢复了，"中国老王"真是太厉害了。

国网新疆塔克什肯镇供电所是唯一常年向蒙古国提供供电服务的供电所，老王常说："服务中国客户，是一种崇高责任；服务蒙古国客户，是一种国家荣誉。"2017 年 11 月 15 日，蒙古国西部五省电力公司总经理那仁强受蒙古国政府委托，专程到中国塔克什肯镇供电所，为王丛新颁发了"蒙古国最受欢迎的公民"奖章和证书。

在中国、蒙古国漫漫边境线上，不仅有日复一日的执着坚守，更有为了两国人民过上好日子的真情携手。

"欢迎你，我亲爱的朋友，中国老王。"近十年的服务与沟通，阿尤西每次见到王所长都要用热情的问候再加上一个真诚的拥抱打招呼。在蒙古国布尔根县，电视、电磁炉、电暖气这些家用电器已经走进百姓家，有了中国稳定高效的电力保障，当地百姓的生活水平有了明显的改善。这也是国网新疆塔克什肯镇供电所和"中国老王"最希望看到的、最开心、最自豪的事！

Mo Tu We Th Fr Sa Su DATE

一个埃塞人的
人生蜕变

Mo Tu We Th Fr Sa Su DATE

一个埃塞人的人生蜕变

6 月的埃塞俄比亚，气候干燥，天气炎热。首都亚的斯亚贝巴的街道上车来人往，一片喧哗。街角的咖啡馆、酒吧里，人们正在聊着俄罗斯世界杯的赛事，一派悠然。这天，埃塞俄比亚的比亚木给他远在中国的师傅发去微信，两人兴致勃勃地聊起了世界杯。

比亚木，33 岁，曾是埃塞俄比亚国家足球队的一名队员，足球是他最初的梦想，早些年因伤退出球队，他的足球梦破灭。一直以来，比亚木和他所在镇里大多数年轻人一样，没有工作，赋闲在家，生活拮据。四年前，中国人在比亚木所在的镇附近搞起了电力建设，这种状况开始发生了变化。

电网建设惠及民生，生活有了梦想

埃塞俄比亚首都亚的斯亚贝巴在当地语言中的意思是“新鲜的花朵”。这里四季如春，鲜花常开，然而落后的电力配套设施，严重阻碍了发展。这里电力供应不足、设施老化、设备损坏严重。2014 年 3 月，非洲输电线路最长、电压等级最高、输送容量最大的输变电工程——埃塞俄比亚 GDHA 500 千伏输变电工程开工建设，比亚木进入由国网河南送变电建设有限公司承建的埃塞俄比亚 GDHA 500 千伏霍莱塔变电站工作，当了一名工人。

“以前经常停电，电压还低，连手机充电都是问题，更不要说用电视机、电饭煲这些电器了，现在不用担心了。”比亚木说。

Mo Tu We Th Fr Sa Su DATE

原来，比亚木所在的村远离城镇，一天停七八次电是家常便饭，当地百姓也习以为常。近几年随着中国在埃塞俄比亚进行电网建设，这种情况已有很大改观。

仅 GDHA 500 千伏输变电工程一个项目，就有数以万计的埃塞俄比亚人民从中受益。该工程年输送容量 600 万兆瓦，惠及从埃塞俄比亚西部到首都亚的斯亚贝巴的 9 个城市、200 多个村、超过 1000 万人口，对埃塞俄比亚清洁能源外送、社会经济发展、电网结构改善、东非电力供应紧张局面缓解发挥了显著作用。

“电网建设带动了经济发展，提供了就业，我有了工作，在这里掌握了技术，有不错的收入，我的生活有了梦想。”提起这件事，比亚木就抑制不住自己的兴奋。

通过这几年的工作，比亚木的生活有了很大改善，还买了一辆皮卡车。他把车租给项目部，收入又增加了一些。用他自己的话说，他成了名副其实的“富人阶级”了，而这在几年前是连想都不敢想的事情。

从中国师傅那里
学到了本领，
收获了友谊和成长

电网建设的过程，也是中国和埃塞俄比亚双方收获友谊和成长的过程。中方人员以造福当地、树立“国家电网”品牌为宗旨，在保证工程质量的同时，积极履行社会责任，帮助地方村镇修筑道路、平整土地，向学校赠送图书、足球、电脑等，受到当地政府、学校和人民的欢迎和尊敬。

“我们的关系很好，就像兄弟一样，我的中国师傅手把手教我，”比亚木说，“现在越来越多的埃塞人愿意跟着中国师傅学技术，项目上也培训了很多当地工人，现在我也有了徒弟，我会把学到的教给他。”

比亚木刚来时是一名普通工人，最初只是做一些体力活，但他勤奋好学，主动和中方人员交流，对施工技术充满兴趣。中方人员热心地把比亚木介绍给经验丰富的师傅，手把手教比亚木学习起重吊装技术。短短几个月时间，比亚木熟练掌握了各种吨位的起重吊装技术，成长为一名技术娴熟的操作手，当地人很是羡慕。

Mo Tu We Th Fr Sa Su DATE 

"在埃塞人眼中，给中国企业工作很有面子，通过在这工作，我的人生改变了。"比亚木高兴地说。

比亚木还讲到一名资深的当地工人，最初这名工人也是做体力工作，后来主动学习汉语和施工技术，慢慢地就成了中方人员和当地工人交流的"中介"。后来那人带着一些当地工人组建起队伍，成了小包工头。中方在项目管理中把一些事情交给这些小包工头，能够更快地推进实施。这样下来，中方人员和当地的小包工头、管理者们互相信任、尊重，既保障了当地工人的权益，也便利了中方的工作。

比亚木说，这个小包工头现在进入了埃塞俄比亚的电力公司，"相当于在中国进入电力国企。"

了不起的工程，中国工人是我们的榜样

2016 年 1 月 22 日，参加东非电力体系联盟领导委员会暨部长会议的埃塞俄比亚、乌干达、坦桑尼亚、布隆迪、卢旺达、肯尼亚、埃及、苏丹、南苏丹等多国的能源部长、电力公司主要负责人和欧盟能源代表以及部分美国、日本的代表一行三十多人，参观了霍莱塔变电站。

工笔重彩，如锦似绣。当代表们看到壮观高大的设备、精美的施工工艺时，对中国的技术、标准啧啧称赞。

盛誉的背后总有着不为人知的艰辛和努力。比亚木所在的霍莱塔变电站，占地近 500 亩，其规模当于国内 4 座常规 500 千伏变电站，是世界规模最大的 500 千伏变电站。中方先后从国内抽调近两百名人员参与霍莱塔变电站建设。施工高峰时，算上当地工人，站内有两千多人同时工作，工程凝聚了中国和埃塞各方人员的心血与汗水。

Mo Tu We Th Fr Sa Su DATE

原来，埃塞俄比亚一年分雨季和旱季，每年的4、5、6月是小雨季，接着是旱季，8、9、10月是大雨季。在雨季，变电站内经常无法施工。为了保证工程进度，中方人员每天早上7点开工干活，和老天抢时间、抢速度，有时白天干不成，就晚上加班加点赶工。在施工中，中方人员严格按照中国标准，不允许有一丝一毫差错。在中方人员吃苦敬业精神的感召下，比亚木和其他工人由开始的不理解，到后来也干劲十足，积极投身到工程建设中。

“这是一项了不起的工程，中国工人能吃苦，工作很敬业、专业，他们是我们的榜样。他们几乎没有假日和周末，每天都在工作，付出的辛苦比我们多得多。刚开始我们感到真的不可思议，现在再看到这些电力设备，会感到很亲切，很自豪能够参与这样的工程，我会回忆在这里工作的美好时光。”比亚木说。

目前，像比亚木一样通过中国企业的投资建设改变命运的埃塞人还有很多，中国的“一带一路”建设正在深刻影响着埃塞人的生活，让埃塞俄比亚成为全球发展最快的经济体之一。而中国也在建设的过程中积累了经验，把中国发展与非洲更加紧密地联系起来，实现合作共赢、共同发展，构建更加紧密的人类命运共同体。中国的技术、标准将进一步走出国门，为世界人民谋福祉。

Mo Tu We Th Fr Sa Su

DATE

“中国潮流”涌向世界

Mo Tu We Th Fr Sa Su DATE

“中国潮流”涌向世界

2018 年 3 月 19 日，从国际电气和电子工程师协会（IEEE）新标准委员会会议上传来捷报：国网江苏电力科学研究院申报的三项统一潮流控制器 (UPFC) 国际标准提案，在大会上全票通过审查，正式获批立项。中国标准走向世界，是个振奋人心的消息。带领小伙伴们取得这一成就的是一名电网工程师，他叫杨毅。

“战事”源起

为解决城市电网发展瓶颈，让电能更加安全高效运转，杨毅所在的国网江苏电科院 UPFC 攻关团队，在国外投入商业运行的仅有的三套 UPFC 工程基础上，总结现有换流阀技术存在损耗大、复杂、成本高、维护差等不足，提出模块化多电平换流器（MMC）的 UPFC 技术方案，并进行 MMC-UPFC 特性分析和有效控制的理论研究，协同设备厂家研发 UPFC 成套装备，支撑了我国首个自主知识产权的南京西环网 220 千伏 UPFC 工程，和世界电压等级最高、容量最大的苏州南部电网 500 千伏 UPFC 工程投运。UPFC 为电流装上了“智能导航仪”，实现了电网的潮流优化和电压控制，为新一代 UPFC 技术的推广应用奠定了坚实基础。

Mo Tu We Th Fr Sa Su DATE

提交“战书”

2017 年 1 月，在苏州南部电网 500 千伏 UPFC 工程建设现场，UPFC 团队召开了一次紧急会议，会议内容只有一项：总结经验，编制方案，让中国标准走向世界。

负责这次国际标准总结与编制的，正是杨毅所在的团队。在近一个月的时间里，杨毅和他的小伙伴们跑遍了苏州南部电网 500 千伏 UPFC 工程和南京西环网 220 千伏 UPFC 示范工程工地，白天现场勘测，晚上讨论方案，终于在 2 月份完成了《基于模块化多电平换流器的统一潮流控制器技术：第一部分 功能》《基于模块化多电平换流器的统一潮流控制器技术：第二部分 术语》和《基于模块化多电平换流器的统一潮流控制器技术：第三部分 晶闸管旁路开关》三项提案，并提交到了 IEEE 标准协会。

但是提案提交后，4 个多月过去了，却杳无音信。

第一战：关键 5 分钟，点燃希望

2017 年 7 月 18 日，杨毅应邀赴美国芝加哥参加 2017 IEEE 电力与能源协会（PES）年会，并作了《UPFC 技术进展和工程应用》专题报告。与会专家就新一代 UPFC 技术及应用进行了充分讨论，让原定 1 个小时的会议延长到 2 个小时。但会议最终决定，MMC-UPFC 工程仅在中国有应用，标准需要有国外制造商的参与，暂不支持提案。

这个决定犹如泼了杨毅一盆冷水，但他很快镇定下来，找到 IEEE 输变电技术委员会主席和 HVDC & FACTS 子技术委员会主席进行积极沟通。由于原定的 2017 年 7 月 19 日的会议日程已经排满，他们决定下次开会再增加议程讨论他的提案。可这样一来又得等半年时间，考虑到提案又要被搁置，杨毅立刻毛遂自荐，讲述从开始提案到参会讨论的艰辛历程，大胆建议：“能不能在 7 月 19 日的会议上让我再次向大家讲清楚它的可推广性？”子技术委员会主席被他的真诚和坚持打动了，同意了这个建议：“但只能给你 5 分钟的时间。”

Mo Tu We Th Fr Sa Su DATE

杨毅连夜修改 PPT，删繁就简，一直忙碌到凌晨 2 点多，又对着计时器排练了数次，将演讲时间准确地控制在了 5 分钟。第二天的会议上，杨毅短短 5 分钟的讲解，成功引起了全场专家的热烈讨论和提问，时长超过 40 分钟！最终，与会专家同意继续推进标准提案，并要求杨毅团队进一步完善市场需求调查，吸引更多的技术专家加入。

第二战：华山论剑，引发关注

2017 年 10 月 12 日，北京时间晚上 10 点整，美国东部时间上午 10 点整，英国伦敦时间下午 3 点整，IEEE 全球首次新一代 UPFC 技术与应用在线研讨会正式开始了。本次在线研讨会由 IEEE 标准协会和国网江苏电科院共同主办，旨在向世界介绍中国新一代 UPFC 技术和工程应用情况，推进 UPFC 国际化和标准化工作。此次互联网在线研讨会受到了业界的广泛关注，经 IEEE 标准协会统计，全球范围内来自 IEEE、制造商、电力公司、大学、科研机构、技术公司的 422 名专家学者和相关技术人员注册了本次在线研讨会。杨毅受邀作了题为《统一潮流控制器（UPFC）技术和工程应用》的专题报告，重点介绍了新一代 UPFC 的基本原理、功能、核心设备、关键技术、工程应用以及 IEEE 国际标准提案，详细解答了与会专家提出的 60 多个问题。研讨会专家最终达成共识：中国在新一代 UPFC 技术和工程应用方面世界领先。

这个结果是对杨毅团队最好的奖赏了，他们连日来的疲惫一扫而光。

第三战：深度报告，赢得标准制定权

2018 年 1 月，杨毅团队受邀参加了在美国举办的 IEEE PES 联合技术委员会会议。会上，杨毅报告了 UPFC 国际标准提案的最新进展，并展示了世界首个 500 千伏 UPFC 工程——苏州南部 UPFC 工程的应用情况。

报告得到了 IEEE PES 联合技术委员会主席的高度赞赏，表示同意成立新的 UPFC 工作组，由杨毅所在单位牵头开展 IEEE UPFC 国际标准制定工作！

至此，在中国诞生的 UPFC 标准迈开了走向世界的大步……

Mo Tu We Th Fr Sa Su DATE

这是一场持久战

为加快中国标准"走出去"，助力国家"一带一路"建设，响应国家电网有限公司国际化发展要求，国网江苏电科院投入大量科研骨干，稳步推进国际组织专家申报、工作组成立、国际标准编修等工作。2018年，该院牵头的6项国际标准提案正式立项进入编写阶段，涉及电力行业UPFC、电能质量等多个领域。

国际标准是国际合作、互联互通的通用语言，是全球治理体系和经贸合作发展的重要技术基础。我国在以UPFC为代表的一系列先进装备制造和工程建设方面居世界领先水平，很多全球首台首套重大装备实现了中国制造和中国创造。

在中国先进装备制造和工程建设企业"走出去"的过程中，经常由于缺乏统一的技术标准，产品与服务难以在海外推广，各国技术标准差异性较大，甚至缺乏相关的标准，加大了中国企业海外投资与经营难度。标准国际化打破了标准的短板对海外项目造成的制约。作为世界通用的技术语言，国际标准在降低贸易成本、促进技术创新、增进沟通互信等方面发挥着不可替代的作用。

"国际标准"是场持久战，需要从战略上提高对标准国际化的重视；战术上积极运用标准化手段，提升参与国际标准化活动的能力水平，以中国标准"走出去"带动中国产品、服务、装备和技术"走出去"。

加快推进国际标准化工作，让更多的中国制造拿到"走出去"的通行证，不仅可以让"一带一路"沿线国家用上中国的优质装备，而且可以带动当地制造业转型升级，增强其经济社会发展的内生动力。

中国标准国际化的势头正如"潮流"般汇入国际标准的洪流，加快着中国"走出去"的步伐，推动着世界发展的进程。杨毅和伙伴们，还有成百上千的中国男儿，正在中流击水，勇立潮头！

Mo Tu We Th Fr Sa Su DATE

“中国之光”
照亮潘基西峡谷

Mo Tu We Th Fr Sa Su DATE

“中国之光”
照亮潘基西峡谷

在格鲁吉亚潘基西峡谷腹地深处，有一座装机容量为 24 兆瓦的水电厂，厂房门口的左侧树立着一块白底蓝字的牌子，上面用中、格、俄三国文字写着：卡杜里水电站　新丝绸之路格中友谊的象征。这块牌子立于 2001 年 2 月 3 日，距今 17 年了。

2016 年 9 月 25 日，中国驻格鲁吉亚大使季雁池来到卡杜里电厂视察工作时说：“卡杜里水电厂是‘新丝绸之路上的一颗明珠’，对于中国在格鲁吉亚现今的‘一带一路’建设项目有着重要的借鉴意义，电厂现场管理水平不愧为在格中资企业的标杆，你们要把这扇窗户擦得更亮；卡杜里电厂也是全球能源互联网建设的先行者、探路者，我们要认识到今天的工作具有非常的意义。”

新丝路上的清洁能源
促进地方经济可持续发展

格鲁吉亚位于连接欧亚大陆的外高加索中西部，是斯大林的故乡。这里背倚巍巍高加索山脉，面向茫茫辽阔的黑海，文物古迹更是蜚声遐迩。因而它还有个诗意的名字——被遗忘的上帝后花园。

卡杜里水电厂位于格鲁吉亚共和国东部省阿卡迈特地区，距首都第比利斯约 198 公里。电厂毗邻外高加索地区潘基西峡谷内的卡杜里村，此村与车臣相邻且居民大多为车臣族穆斯林。

Mo Tu We Th Fr Sa Su DATE

潘基西峡谷曾经是俄罗斯和格鲁吉亚关系的“敏感点”，素有“恐怖谷”“小车臣”“小阿富汗”“高加索的百慕大三角”等令人生畏的外号。电厂从建设之初到现在，一直由荷枪实弹的当地警卫 24 小时守护。

2002 年开工时，时任格鲁吉亚总统的谢瓦尔德纳泽亲自出席开工仪式；2005 年 2 月投产时，格鲁吉亚另一任总统萨卡什维利亲自按下机组启动发电的红色按钮。格方如此重视，是因为该电厂对当时严重缺电的格鲁吉亚，有着举足轻重的作用和深远的意义。

电厂建设之初，格鲁吉亚阿赫迈特每周最多三天全天有电，其余时间基本是下午 5 点至晚上 10 点有电。电网十分脆弱，供电期随时都有可能断电。

电厂建设以前，潘基西峡谷的难民很多，有一部分难民靠联合国救援物资生存。当地村民一半以放牧为生，一半前往其他国家谋生，生活十分艰苦。

电厂投产后，为当地村民提供了就业机会，也为他们生活质量的改善奠定了基础。2000 年，格鲁吉亚拉里对美元的汇率为 1，当时一袋面粉的价格为 15 拉里左右，村里教师的每月工资在 30 拉里至 80 拉里之间，而在电厂工作的车臣籍员工工资达到 300 美元。那个时期在电厂就业人员家庭的生活质量较村里其他家庭优越很多。

现在，电厂长期用工人员有 30 人，每年临时用工大约达到 150 人•次。

卡杜里村没有公共交通工具，居住在电厂旁边的车臣族老人艾诺和列万说，如果不是因为这里修了电厂，也不会有这么多人来，他们更不可能用上电灯和自来水。

Mo Tu We Th Fr Sa Su DATE

“国家电网标准”
植根格鲁吉亚水电行业

2005 年 10 月起，国网四川映秀湾电厂承担起卡杜里水电厂运维工作。

起初，厂房内到处杂乱无章，各种物品随意摆放，工作中需要用的工具很难寻找；地面凹凸不平导致到处是积水，难以下脚，存在不少安全隐患。

为了改造工作环境，国网四川映秀湾电厂引入“5S”管理，按照现代化企业的标准去要求每名员工。同时，定期对厂房、设备进行清洁，对设备进行定置摆放。

按照格鲁吉亚当地习俗，工作中的清洁、清扫属于女人做的事情，男性员工唯恐别人看到丢了面子。经过一段时间磨合与培养，当地员工的工作积极性大幅提高，并且还提出很多创新改进意见。

国网四川映秀湾电厂用十多年时间，把规范化、标准化管理，工器具定置摆放，“5S”管理，“TPM”等国家电网有限公司的管理模式运用到电厂管理中，把卡杜里水电厂打造成了中国企业在格鲁吉亚的典范，经常有格鲁吉亚官员带人到卡杜里水电厂参观学习。

到电厂做热实验的格鲁吉亚专业人员赞叹：这是他们见到过的最清洁的电厂、最有序的现场。如果格鲁吉亚所有电站的环境都能像卡杜里水电厂一样，水电运行一定会成为最令人向往的职业。

卡杜里水电厂的管理在当地被誉为“中国标准”。截至 2018 年 5 月 31 日，电厂共计发电 16.1894 亿千瓦时，安全生产 4670 天。

Mo Tu We Th Fr Sa Su DATE

异国他乡
创建应急体系

卡杜里气候十分恶劣，曾经在这里工作 5 年的龙建立说：“雪灾、洪涝灾害、山体滑坡早已是家常便饭。”

2014 年，潘基西峡谷发生过一次 6 级以上的地震。2015 年 12 月，卡杜里遭遇一场大雪，格鲁吉亚一片漆黑。国网四川映秀湾电厂驻格员工克服艰难险阻，凭着几支手电筒完成从厂房到阿河闸首 5 公里、到萨河闸首 3.5 公里的道路疏通，再到阿赫迈特近 30 公里的输电线路巡线、故障处理和灾后重建，树立了中国国家电网有限公司员工“有条件要上，没有条件创造条件也要上”的精神风貌。

面对恶劣的气候条件和频发的自然灾害，卡杜里水电厂自行编制了《卡杜里电厂地震应急预案》《卡杜里电厂机组重大损坏事故预案》《卡杜里电厂暴雨、泥石流、山体滑坡等自然灾害专项处置预案》等十多项管理预案和制度，有力保证了电厂的安全运行。

架起中格友谊之桥

维达力是卡杜里水电厂的一名优秀的格鲁吉亚员工，现在担任着维护班班长的职务。之前，他是村上的放牛娃，生活过得十分拮据，娶媳妇儿一直是他父母担心的最大问题。国网四川映秀湾电厂刚接手卡杜里水电厂运维工作之初，人手不够时会叫他来当临时工。维达力干活细致，舍得卖力，脏活累活抢着干，后来被招聘到电厂从事维护工作。

现在，维达力已是两个孩子的父亲，而且也是电焊、起重、木工、机械拆装都得心应手的电厂主力。维达力还利用在电厂学习的电气知识设计了一套小鸡孵化设备，成功孵化出 50 多只小鸡贴补家用。他说：“我要好好供养孩子们上学，让他们长大后到中国工作。”

Mo Tu We Th Fr Sa Su DATE

在电厂生活区旁边，住着一对和蔼的老夫妻——艾诺和伊万。深山里供电和供水都是问题，国网四川映秀湾电厂驻格员工无偿为老人接入了项目部生活区的电源和水源，并帮他们维护。

在伊万大爷家开展志愿服务活动时，了解到大爷家的牛是奶牛，且产奶量大，吃不完容易变质，国网四川映秀湾电厂驻格员工决定每天购买他们的牛奶，解决了老人不必要浪费的问题，还能给他们补贴家用。

驻格员工从中国休假返回卡杜里，总要买一些蔬菜瓜果种子，他们也会送给两个老人家一些，让他们也能尝尝中国的蔬菜。同时，艾诺大妈把他们家的牛粪送给电厂用于蔬菜瓜果施肥。艾诺大妈亲切地称："这是来自中国的'好邻居'。"

2018 年 3 月 7 日，驻格员工将早已买好的 5 套茶具送到了电厂清洁工阿斯玛特等 5 名女性职工的手中。在当地村里，女性很少有工作的机会，家庭地位低。这 5 名女职工说："非常喜欢在卡杜里电厂工作，在这里我们得到了尊重，也能体现我们的劳动价值，而且每年妇女节都能收到礼物。"

在厂房与生活区之间的路上，有一个 71 级台阶的坡，这段路看似不长，但一批又一批驻格员工在这里走过了 13 年。他们用实际行动印证着"一带一路"建设是经济社会发展的红利、人类的福祉，倡议世界各国人民对美好生活的向往。

Mo Tu We Th Fr Sa Su

DATE

送去光明
也要送去温暖

Mo Tu We Th Fr Sa Su DATE

送去光明
也要送去温暖

巴西位于广袤的南美洲大地，是“金砖国家”中的中流砥柱。随着“一带一路”共建倡议延伸至美洲，巴西基建市场迎来机遇。中资企业积极投身巴西电力市场，不仅有力推动了中国技术、装备和工程总承包一体化“走出去”，还带动了巴西当地电源、电工装备、原材料等上下游产业，实现了中巴双方互利互惠，合作共赢。

2016 年 7 月 6 日，新疆送变电有限公司取得了在巴西独立承揽输变电工程 EPC 项目的资质。2016 年 8 月 29 日，新疆送变电巴西电力能源系统建设有限公司（简称新疆送变电巴西公司）与国家电网巴西控股公司签约 ±800 千伏美丽山直流输电线路工程二期第 8 标段 EPC 总承包项目，项目总金额为 1.61 亿雷亚尔，约合 3.3005 亿元人民币。

新疆送变电巴西公司大力发挥“施工管理型、专业技术型”的优势和反应迅速、执行力强的特点，将国内成熟的特高压施工经验带到巴西，并结合当地实际实施本土化用工，采用新技术手段以减少对当地环境的影响，支持学校、医院等建设，开展社会公益项目。当地人每每见到新疆送变电巴西公司的员工都会露出微笑，竖起大拇指。

Mo Tu We Th Fr Sa Su DATE

一份工作的改变

新疆送变电巴西公司目前共有541名员工，仅有中方员工12名，其余都为巴方员工，比例达到97%。

2017年9月，随着项目开工建设，大量的当地劳务工人应聘到巴西美丽山二期±800千伏输变电工程项目部工作。他们中大部分都是家庭穷困、早早辍学的年轻人，语言交流困难，技能水平较低。项目部通过定期组织技能、语言培训及“师带徒”等方式，有效提升了当地员工综合施工能力。

蒂亚戈因为从小家里太穷，初中毕业后就辍学步入社会。刚来项目部时，他几乎什么都不会。中方员工结合当地施工特点，充分利用自己多年来积累的技术理论知识，为蒂亚戈细致讲解了不同阶段的工作重点、难点以及如何进行工序转换等知识技能。为了让蒂亚戈知道如何操作，中方员工还专门讲解施工中的计划和要求，以及土建、立塔、架线结构、施工程序和施工方案等，让蒂亚戈从项目整体运作到具体操作上都能学得扎实，学得深入。

平时工作中，中方员工还经常带着蒂亚戈在施工现场，从基坑开挖、浇筑，到立塔施工等，当场演示各个工艺，带他逐个认识各种机械设备，一点点讲解，手把手指导，并详细说明操作的原因和安全质量管控的要点。有时候，仅一个工作流程都要教上十来遍。不到半年的时间，蒂亚戈已经熟练掌握了施工需要的各项技能，并能够独立解决施工上的技术难题。他常常会对其他的巴方员工说：自从他进入了项目部参加工作，不仅熟练掌握了各项施工技术，也为自己带来了可观的收入，现在每个月能拿到1700多雷亚尔的工资，家里的生活条件越来越好，不论是亲戚还是邻居都羡慕不已。

幸福的贫民窟

2017年，世界银行重新设定了国际贫困标准。在新标准下，巴西贫困人口的规模迅速膨胀，由旧标准下的890万人猛增至4550万人，占巴西总人口的22%。据巴西政府统计，600多万户巴西低收入家庭生活在4000多个贫民窟中，主要集中在巴西两个大城市，其中就包括里约热内卢。

Mo Tu We Th Fr Sa Su DATE

夏芝文，新疆送变电有限公司经理助理、巴西项目副经理。每天清晨，他都会从里约热内卢的住所坐地铁前往办公大楼，从家到办公楼的20分钟路程中，会经过一片贫民窟。贫民窟不仅出现在城市郊区，还会出现在城市的核心区域，是名副其实的"城中村"。房子多是由铁皮和木架搭成的临时工棚，穿着脏乱的孩子在家门口嬉戏，他们是典型的贫民窟孩子，没有学上，也没有书读，家里的贫困状况更不能改变。这让夏芝文的心里非常不好受，他总是在想如何能帮助他们，想去贫民窟走一走、看一看。他将这一想法说给了同事，但是当地的同事提醒他，贸然闯入贫民窟，没有熟人带领，随时可能遭到"黑社会"的开枪射击，因为他们可能误以为来人是警察卧底。出于安全考虑，夏芝文暂时放下了要去贫民窟的想法。

2018年1月，新疆送变电巴西公司在当地过中国人的春节。他们邀请了项目上的几个学徒，其中就包括席尔瓦。席尔瓦从小家庭贫困，一直住在贫民窟，虽然来到公司工作让他家的经济条件改善了，可是目前的工资还不能让他买到一套房子。夏芝文通过跟席尔瓦交流，得知席尔瓦目前就住在他每次经过的那片贫民窟里，他突然萌生了一个想法，他想让席尔瓦带去新疆送变电巴西公司捐赠的衣物、糖果以及书籍，席尔瓦听后高兴极了，他说："贝利阿姨一定很高兴，她的孩子最爱看书，每天哭着闹着要买书。这次我能代表公司将物资送给贫民窟的老人、妇女、孩子们，父母一定会为我骄傲的，大家也会非常感谢你们！"

席尔瓦将公司捐赠的物资分给了每一个邻居，他们唱着、跳着，庆祝有了新衣服，有了书本。此后公司经常通过席尔瓦将物资捐赠给贫民窟的居民，还招聘贫民窟的成年小伙子、姑娘来项目部工作，教他们技术，改善他们的生活。贫民窟的居民每次都说："中国人来了，日子也好了！"

2018年5月，新疆送变电巴西公司为了扩大捐赠规模，救助更多的贫困家庭，与当地政府商议，最终确定于7月给予当地学校及贫困家庭物资帮助，并安排员工到当地学校讲解关于线路工程的各类知识，帮助当地人了解电力施工的重要性。

新疆送变电巴西公司项目经理张小峰常常说："来到巴西，不仅是要把国内先进的特高压技术带过来，打响公司品牌，乃至国家的品牌，还要帮助这里的人，提高他们的经济水平，改善他们的生活状况。送去光明的同时，我们也要送去温暖。"

Mo Tu We Th Fr Sa Su DATE

菲律宾的
“中国光明”

Mo Tu We Th Fr Sa Su DATE

菲律宾的“中国光明”

走进菲律宾，先不说高温潮湿的热带季风雨林气候，更不要说落后的经济发展和薄弱的基础设施，仅是一些和工程相关的小事情，都让每一个刚来到菲律宾的人发怵。

第一个海外 EPC 项目困难重重

菲律宾圣·伊斯特班变电站改扩建工程项目涉及 230 千伏变电站 3 个间隔改扩建，2 个 115 千伏间隔、3 个 69 千伏间隔馈线保护改造，3 台主变压器保护改造和交直流系统更新。工程分布在 SANESTEBAN、LAOAG、BACNOTAN 三个地方，最近的相隔 60 公里，远的 120 公里。绵长的施工战线是第一个困难。

施工过程中，因第一次设计院无法给出二次蓝图及电缆清册，并更换了设计人员，一边设计一边施工，导致电缆采购 3 次，地网材料采购 2 次，造成了材料的增多和运输成本的增加，图纸审批不及时，使工期滞后严重。

旧变电站的技术改进对于这支成长阶段的跨国总包队伍来说是一项非常具有挑战性的任务。大多数总包商都愿意接新站，不愿意干改造。项目部的调试人员从现场转完一圈，开始怀疑菲律宾的调试分包合同价格是不是签错了。因为，改造站不仅意味着工程单位需要等待停电、带电操作、限时调试等，还意味着工程单位要协调该站三四十年前的各种图纸资料，要面对成百上千根没有号牌的电缆与接线端子，存在着因拆错线、误碰开关造成的下游一个城市的意外停电风险。

Mo Tu We Th Fr Sa Su DATE

菲律宾属热带季风雨林气候，常年受热带云团影响，高温多雨，湿度大，全年平均湿度77%，夏秋季节还多台风。台风季期间经常狂风暴雨，电闪雷鸣。2013年11月全球最强台风“海燕”直接造成了菲律宾中部线路倒塌。雨季的影响，让工程的建设进度难以保证。

业主所选择的供应商，大多数是国际供应商，国内供应商比较少，碰到需要海外采购的问题，订货、催交、质检、物流、清关、仓储等工作难度非常大，尤其是物流和清关两个环节，具有很大的不确定性和不可控性。物流的进度风险主要来自海运的船期，这个周期可以预测，但是常常不可控。清关的进度风险主要来自工程所在国海关繁杂的工作程序与过低的工作效率，以及复杂繁多的清关文件。这些，都为项目进度带来了巨大的风险。

积极调整管理，这一仗要打得漂亮

工期、图纸、管理都让每个初来乍到的中方施工人员感觉压力陡增，甚至有些茫然，觉得无处下手，再加上菲律宾的雨季、动荡的政治环境、差异较大的管理模式，一度让项目部的人萌生退意。

然自胜者强，这是山东电工电气集团有限公司首个EPC项目，意义重大，无论前路多么困难，项目部只能前进，不能回头：“无论遇到什么情况，都不能对项目造成任何拖延，这一仗要打得漂亮！”为了在短时间内发挥管理优势，项目部整合各种资源，加强项目精细化管理，发挥整体优势。

在进度管理上，虽然制作了里程碑计划、月度计划，但往往是一个“死”计划，不能进行实时的动态更新，也就不能提早发现计划偏差的原因，进一步来加以控制。等到发现进度滞后时已经错过了最佳时间，不得不付出更多代价。项目部提前策划，积极协调各方，最后确定了通过工作完工证明来衡量进度管理的方法。

Mo Tu We Th Fr Sa Su DATE

项目设备采购合同额比较大，单宗采购合同额可达一百多万美元，设备类型也比较多，结合国内及国际市场实际情况，充分发挥设计先行的作用显得尤其重要。如果设计合理往往可以达到事半功倍的作用，既可以为项目节约成本也能加快施工进度。敲定设计方案后，项目部将设备的采购工作安排在设计前面，将大部分设备、材料的物流和清关周期调整到远大于计划时间。清关进度不可控，项目部就通过选用长期在菲律宾供应通信设备的厂家进行协助清关的方式，加快了清关进度。面对采购的一系列问题，项目部通过加强协调和提前周密准备的方式尽量减小了负面影响。

因为现场条件限制，无法给每个岗位都配备业务“顶尖高手”，然而项目的执行是团体行为，而非个体行为。因此，组建一个团结的、有战斗力的、敬业的项目团队才是更具可操作性的。并且，海外项目成员必须具有艰苦奋斗和吃苦耐劳的精神。项目部关注职工身体健康，安排施工方配备了安全管理人员和应急人员，定时给员工做思想工作，讲形势、讲责任、讲使命，解疙瘩、稳情绪、鼓干劲。

成功是奋斗出来的
成为优秀总承包商

吕宋岛位于菲律宾群岛北部，是菲律宾面积最大、人口最多、经济最发达的岛屿，可是菲律宾紧缺的能源和落后的电网建设却一直阻碍这个岛屿的经济发展。伴随着中国先进电网技术和管理经验的输入，菲律宾国家电网的输电线路和变电站建设步伐在不断加快。

2012 年 9 月 20 日，菲律宾国家电网圣·伊斯特班变电站扩建及技改工程正式开工；2014 年 11 月 11 日，历时 630 个自然日，该项工程成功投运。

2014 年 6 月 9 日，菲律宾国家电网有限公司与山东电工电气集团有限公司在马尼拉签署了另一项 EPC 项目——菲律宾巴灵谷 230 千伏变电站项目；2016 年 3 月 22 日，工程提前完工，山东电工电气集团有限公司在海外的第二个变电站工程项目成功投运，并再次获得“优秀总承包商”称号。

Mo Tu We Th Fr Sa Su DATE

至此，菲律宾吕宋岛的中部和北部建成了两条由中国人建设的输电线路，有效改善了菲律宾当地电力供应能力不足、电网不稳定的问题，提升了满足当地用电需求的能力，对整个地区的电网建设和经济发展都产生了重大的积极影响，为当地用户带去了“中国光明”。而山东电工电气人更是凭借努力和奋斗，赢得了菲律宾政府和民众的信任与欢迎。

后记：小李的涓涓付巨流

2014 年大年初一的凌晨 4 点，天还没亮，在菲律宾的圣·埃斯特变电站改造二期工程现场，皮肤黝黑的年轻小伙李斌斌已经在工地上忙碌起来。小李从年前就驻扎在该项目现场，具体负责现场的质量、安全、环境管理工作，协调与国内设备厂家、菲律宾业主的沟通，确保整个工程顺利推进。早晨 6 点，二期设备拆除完毕，项目部邀请菲律宾当地的施工人员，共同庆祝中国春节：大家在室外休息处席地而坐，搬来了装着食物的纸箱子，相互招呼着“快过来吃饭咯”。早餐后，8 点，现场接着进行另外一条线路的停电拆除，直到中午 12 点，小李才返回办事处自己动手开火做饭，下午 1 点又回到现场对整个施工和带电区域进行检查。忙碌成了小李的工作常态，时间对他来说永远都不够用，而假期也只能停留在日历上，甚至连家的轮廓都开始变得模糊。“可是这一切都是值得的，”李斌斌说，“菲律宾项目的建设，带动一大批中国设备厂家进入菲律宾市场，为祖国争光，所以我们一定要干好这个工程。”在项目执行的过程中，包括小李在内的项目部克服种种困难和不利因素，紧紧抓住安全、进度、质量的管理主线，积极协调施工、设计、设备厂家、调试人员，按照业主要求的送电时间，保质保量完成任务。

正是小李这样千千万万个在异国他乡挥洒汗水的中国人，让中国的技术、产品服务着各国人民，才使得“中国制造”在国际舞台上大放光彩！

Mo Tu We Th Fr Sa Su DATE

责任为先
筑梦“一带一路”

Mo Tu We Th Fr Sa Su DATE

责任为先
筑梦“一带一路”

2013 年金秋时节，习近平总书记先后提出了建设“新丝绸之路经济带”和“21 世纪海上丝绸之路”的构想，战略重心是基础设施建设。国家积极推进跨境电力与输电通道建设，开展区域电网升级改造，这给国家电网人加快走向世界舞台指明了方向。在这样的新时代背景下，素有“辽电铁军”之称的辽宁省送变电工程有限公司积极响应国家“一带一路”建设号召，经过深入研究、实地考察和前期调研等一系列周密的准备，于 2017 年初顺利中标了巴基斯坦默蒂亚里—拉合尔 ±660 千伏直流输电工程，由此打开了“辽电铁军”开拓国际市场的大门。

聚焦海外 勇担责任

巴基斯坦默蒂亚里—拉合尔 ±660 千伏直流输电工程是我国“一带一路”建设的重点项目，也是巴基斯坦输电领域首次向外资开放的大型项目，建成后可以为巴基斯坦拉合尔地区输入大量的能源，对于缓解当地能源供需矛盾，满足地方经济发展需要具有十分重要的战略意义。在整个输变电工程中，“辽电铁军”承担了输电线路Ⅳ标、拉合尔换流站土建施工 A 包和默蒂亚里换流站土建 A 包这三项工程的建设任务。怀揣着“中国梦”和“世界梦”，“辽电铁军”中这些平均年龄在 30 多岁的参建将士们于 2017 年 5 月离开故土，远赴 4000 多公里外的巴基斯坦，筑梦“一带一路”。

Mo Tu We Th Fr Sa Su DATE

巴基斯坦宗教矛盾尖锐、恐怖活动频发，处于国际反恐第一线，在巴基斯坦承建电力工程建设的艰辛程度可想而知。这里属于热带季风气候，境内有大面积的沙漠分布，常年炎热干燥，中午的气温甚至能达到四五十摄氏度。种种恶劣条件并没有摧毁“辽电铁军”的意志，为了顺利完成国家使命，参建将士们和当地政府高度协作，巴方军队和警察为参与该工程建设的全部中方工作人员实施武装安保。其中，仅在拉合尔换流站项目部的巴方安保警察就多达 100 余人。安保警察对项目部进行 24 小时荷枪实弹的全程安保，围绕项目部设立了 3 米高的围墙、1 米高的带刺铁丝网，以阻止可疑人员攀爬进入，还在现场围墙上安装了可视旋转探头，值班警察通过图像 24 小时不间断观察。就是在这样复杂的条件下，这支以青年员工为主的团队，以初生牛犊不怕虎的勇气，肩负着党和国家赋予的使命，迎难而上，积极探索海外工程项目管理方式方法，阶段性地完成了线路工程的营地建设和换流站工程桩基施工的既定目标，并在 2017 年度中国电力技术装备有限公司输变电工程流动红旗竞赛中，获得项目管理流动红旗。

结交友谊
树立品牌

工程作为国家“一带一路”倡议的重要支撑项目，所具有的不仅仅是其投运后的经济意义，更是中巴友谊、和谐美好的象征。长期以来，参建将士们始终秉承着“真诚、互助、共赢”的信念，无论是在工程建设还是在日常生活中，都做到充分尊重巴基斯坦人民的风俗，严守巴基斯坦的各项法律，用自己的友好和善良赢得了巴方人员的信任和支持。

有一次，中方有位施工人员意外受伤，巴基斯坦军队驻现场最高指挥官听说后格外重视，立刻派部队军医进行消毒包扎，并立刻上报安保，护送受伤人员去拉合尔市内医院，确保中国工人在最短的时间得到医治。当中方致谢时，巴基斯坦军人表示：“中国工人是最棒的，我们乐意帮忙！”

2018 年元旦那天，中巴双方参建人员共同辞旧迎新、喜迎新年，举办了一系列体育活动，拔河、乒乓球赛等在项目部精彩上演，比赛在激烈而又和谐的过程中进行，两国人员欢声笑语，其乐融融。巴方驻现场最高指挥官 Shehbaz 上尉还为双方进行了颁奖，为中巴友谊再次留下浓墨重彩的一笔。

Mo Tu We Th Fr Sa Su DATE

甘愿奉献 彰显本色

比桑拿房温度还要高的天气、长期对亲人的惦念、缺乏沟通的陌生环境……困难无时无刻不在考验着“辽电铁军”的参建将士们。面对这些，大家互相鼓励，互相支持，共同前进，在异国他乡的土地上奉献着自己的青春。

线路项目经理刘忠富在春节后就赶赴现场，在武装人员护送下及时完成了线路复测，制订了营地建设计划。忙碌的工作之余，他最喜欢做的就是在儿子睡觉前和他视频了。“最想做的事就是放假陪爱人和孩子去旅旅游，结婚这么久哪都没去过！去年在现场答应宝贝出去，又泡汤了。”小刘在微信里这样和朋友说。

土建项目经理陈会新无论从年龄上还是资历上都是真正的“大哥”。施工过程中，他亲力亲为，认真把握每个环节，确保万无一失。日常生活中，他细致周到关爱着每一个“小兵”。开导想家的年轻人，帮大家解决生活困难。端午节那天，为了让远在异乡的小兄弟们感受到家一样的温暖，他带着荷枪实弹的安保人员到处找中国商店买回了粽子……大家都说他是名副其实的“海外家长”。

土建项目部还有一个叫孙一博的小女孩，2017 年 4 月，毕业不久的她因为英语水平高，作为翻译被提前派往巴基斯坦开展项目前期工作。她的男朋友叫高衣辰，两人都是 2016 年入职的新员工，由相识到相知，由相知到相恋。刚刚开始的爱情是甜蜜、温馨的，他们每天为了同一个目标努力，互相扶持。后来，因为工作安排，小孙要第一批赴巴，而同样申请参建的小高则需要等待，一段“异地恋”就这样开始了。白天，他们为各自的工作忙碌打拼。晚上，他们用微信畅谈人生和未来。历经了 4 个月的等待，跨越了 4000 公里的距离，他们在巴基斯坦再次相拥。这对幸福的恋人说：“事业是我们坚守的动力，爱情会让我们永远前行。”

文字虽然无法完整地记录每一天的施工情况，也不能准确地表达参建将士们的酸甜苦辣，但无论“辽电铁军”在哪，都时刻牢记着自己是国家电网有限公司的一员，努力践行着“建设具有卓越影响力的世界一流能源互联网企业”的愿景。走出国门，我们与世界共商、共建、共享；在“一带一路”上，我们为祖国母亲献礼！

Mo Tu We Th Fr Sa Su DATE

雪山那边
冰心一片

Mo Tu We Th Fr Sa Su DATE

雪山那边 冰心一片

窗外再一次浮现舒卷涌动的云海，那连绵不绝的皑皑山顶穿越云层，在柔和的落日余晖下熠熠生辉，从三万英尺的高空俯瞰这日照金山，少了些许巍峨壮观，却多了几分温暖祥和。这一次终于可以稍稍放松身心，欣赏一下“世界第三极”的美妙风姿，吴笛望着机窗外的珠穆朗玛峰，长出了一口气。这是他第六次飞跃这雪山，前几次因牵挂于项目的投标准备，均无暇顾及窗外胜景，此次合同谈判的顺利完成总算可以让他瞥一眼这座冰雪巨峰。尼泊尔电力局配网部主任殷切期盼的脸庞还在他脑海中闪现。

“恭喜你们获得了这个配电网降损规划咨询的项目，希望你们中国公司可以给我们的电网带来改变！”

“是的，我们一定可以给你们带来更好的未来，我们会出具更加符合尼泊尔电力发展需求、更加务实有效的咨询方案，降低电网损耗，提高系统效率。我们将证明中国公司在电力咨询项目领域也毫不逊色！”

这份自信和笃定来自背后经验丰富的坚强团队和日益雄厚的技术实力。15 人专家团队，10 人商务支撑，还有 230 人的高新技术企业就是他身后的力量。吴笛是国网浙江省电力有限公司下属的浙江华云电力工程设计咨询有限公司新能源事业部副经理，负责此次尼泊尔配网降损规划咨询项目。

Mo Tu We Th Fr Sa Su DATE

尼泊尔，背包客的天堂，徒步者的圣地，是世界上幸福指数最高的国家之一。这是绝大多数游客眼中的尼泊尔。但她也是世界上最不发达的国家之一。14.7 万平方公里的土地上，只有 2900 万人，不及中国浙江省一个省的人口数量，其中 80% 的人口从事农业。尼泊尔以水电装机为主，电力短缺情况严重，只有 65% 的家庭通电，枯水期还需要从印度进口电力，首都加德满都也要分区轮流停电，部分农村地区一天断电 16 小时。2015 年的大地震使本就陈旧落后的基础设施雪上加霜。其后，虽然各国大力援建，世界银行、亚洲开发银行等也纷纷加大资金贷款额度，但其基础设施建设依然进展缓慢。2017 年尼泊尔水电装机容量为 824 兆瓦，电力峰值需求 1600 兆瓦，电力缺口接近 800 兆瓦。经过大量的电力投资建设，尼泊尔缺电状况有所缓解，但是由于技术落后、管理混乱、偷电漏电等一系列问题，导致电网损耗居高不下，输配电损耗超过 24%，是中国电网平均水平的 5 倍，给电网投资造成极大浪费。尼泊尔电力局也深刻认识到了这个问题的严重性，特向世界银行申请贷款，开展全国范围内的配电网降损总体规划，并发出了招标公告，希望通过规划咨询，借鉴国际先进经验，全面降低配电网损耗，提高电网投资效益。

在获知这个项目信息后，浙江华云电力工程设计咨询有限公司联合集团内的浙江华云国际电力工程有限公司开始着手项目投标的准备。技术和管理咨询项目作为国际业务的价值链高端，长期以来几乎为欧美发达国家的先进企业和咨询机构所垄断，中国企业尚未在这一领域有所突破。但是吴笛带领的这个团队却踌躇满志，信心满满，之前给印度一家私营电力公司成功实施的管理降损咨询，给了这个团队极大的自信和信念。之前这家印度公司在咨询了欧美多家先进咨询机构未达到满意效果后，主动寻求合作，浙江华云电力工程设计咨询有限公司制定了多个降损方案，最终达到了预期目标。

通过这次项目经历，吴笛认识到公司当前在这一领域的技术水平和管理理念已经具备了对外输出的实力。国内已经经历的发展过程和阶段，很多发展中国家也正在经历。公司可以为他们带去已经积累的丰富经验和措施，实施适合他们的降损培训计划，在人员管理方面带来改变并提供成熟的线损管理软件。

Mo Tu We Th Fr Sa Su DATE

尼泊尔，背包客的天堂，徒步者的圣地，是世界上幸福指数最高的国家之一。这是绝大多数游客眼中的尼泊尔。但她也是世界上最不发达的国家之一。14.7 万平方公里的土地上，只有 2900 万人，不及中国浙江省一个省的人口数量，其中 80% 的人口从事农业。尼泊尔以水电装机为主，电力短缺情况严重，只有 65% 的家庭通电，枯水期还需要从印度进口电力，首都加德满都也要分区轮流停电，部分农村地区一天断电 16 小时。2015 年的大地震使本就陈旧落后的基础设施雪上加霜。其后，虽然各国大力援建，世界银行、亚洲开发银行等也纷纷加大资金贷款额度，但其基础设施建设依然进展缓慢。2017 年尼泊尔水电装机容量为 824 兆瓦，电力峰值需求 1600 兆瓦，电力缺口接近 800 兆瓦。经过大量的电力投资建设，尼泊尔缺电状况有所缓解，但是由于技术落后、管理混乱、偷电漏电等一系列问题，导致电网损耗居高不下，输配电损耗超过 24%，是中国电网平均水平的 5 倍，给电网投资造成极大浪费。尼泊尔电力局也深刻认识到了这个问题的严重性，特向世界银行申请贷款，开展全国范围内的配电网降损总体规划，并发出了招标公告，希望通过规划咨询，借鉴国际先进经验，全面降低配电网损耗，提高电网投资效益。

在获知这个项目信息后，浙江华云电力工程设计咨询有限公司联合集团内的浙江华云国际电力工程有限公司开始着手项目投标的准备。技术和管理咨询项目作为国际业务的价值链高端，长期以来几乎为欧美发达国家的先进企业和咨询机构所垄断，中国企业尚未在这一领域有所突破。但是吴笛带领的这个团队却踌躇满志，信心满满，之前给印度一家私营电力公司成功实施的管理降损咨询，给了这个团队极大的自信和信念。之前这家印度公司在咨询了欧美多家先进咨询机构未达到满意效果后，主动寻求合作，浙江华云电力工程设计咨询有限公司制定了多个降损方案，最终达到了预期目标。

通过这次项目经历，吴笛认识到公司当前在这一领域的技术水平和管理理念已经具备了对外输出的实力。国内已经经历的发展过程和阶段，很多发展中国家也正在经历。公司可以为他们带去已经积累的丰富经验和措施，实施适合他们的降损培训计划，在人员管理方面带来改变并提供成熟的线损管理软件。

Mo Tu We Th Fr Sa Su DATE

因此，对本次尼泊尔项目，吴笛所在的团队也是志在必得。通过首轮资格预审后，进入第二阶段的竞标单位可谓高手林立，有法国的 EDF 公司、韩国电力公司、印度普华永道、爱尔兰电力供电局和西班牙电力咨询公司，一个个都是摩拳擦掌、志在必得。浙江华云电力工程设计咨询有限公司也不敢懈怠，仔细研究了招标文件，同时通过大量资料查阅，现场实地尽职调查等，对尼泊尔电网现状做了深入研究和分析，对业主的项目需求也做了深刻领会，并和国内浙江省配电网的发展过程和技术水平做了全面的比较分析，提出了对尼泊尔配电网降损有很强针对性的投标技术方案。经过长达几个月的技术评标过程，投标技术方案最终得分在入围的所有竞标单位中排名第一，并通过了世界银行的审核和认可。再加上合理的报价，商务得分也名列前茅，最终以综合排名第一的成绩成功中标该项目。

中国的发展进步离不开世界，世界的繁荣稳定也离不开中国。2018 年是中国改革开放四十周年，也是中国“一带一路”提出倡议的第五年。尼泊尔作为中国的传统友好邻邦，是“一带一路”沿线上的重要国家，中尼双方在“一带一路”的框架下签署了多项合作备忘录。中国国家电网有限公司作为全球最大的公用事业企业，主动解决全球发展关键问题，推动“一带一路”建设，促进世界各国经济持续平衡增长，在巴西、葡萄牙、澳大利亚、意大利等国家投资并积极开展社会公益活动，履行社会责任。作为国家电网有限公司下属企业，浙江华云电力工程设计咨询有限公司参与“一带一路”建设，努力保障和改善沿线国家民生责无旁贷。

此次项目正是覆盖尼泊尔整个国家的配电网降损总体规划咨询项目，历时三年，项目内容包括降损总规划报告的编制和配电网降损改造升级。浙江华云电力工程设计咨询有限公司负责进行项目的实施、监理、监督和指导。未来正在眼前，“通过三年的全面咨询和降损管理监督，我们一定可以带给你们巨大的改变，让你们对中国企业的咨询实力刮目相看。”吴笛望着机窗外神圣的珠穆朗玛峰暗自下定决心。

Mo Tu We Th Fr Sa Su DATE

不辱使命
勇往直前

Mo Tu We Th Fr Sa Su

DATE

不辱使命
勇往直前

埃肯 500 千伏直流输电线路验收工作是河北送变电有限公司 60 年来第一次走出国门，探索国际业务的新尝试，也是响应“一带一路”建设倡议的新实践，对企业的发展具有重要的里程碑意义。

参与此项目的验收工作，河北送变电深感荣幸，同时深知肩上的责任之重大，任务之艰巨。为保障海外验收工作顺利开展，河北送变电指定专人了解埃塞俄比亚的人文地理、法律法规，研读施工方案、验收标准，做足前期准备工作。

埃塞俄比亚位于非洲的东北部，素有“非洲屋脊”之称，以农业生产为主，基础设施、房屋建筑主要依赖于中国投资，埃塞俄比亚人民的梦想是成为“非洲的中国”。埃肯 500 千伏直流输电线路工程验收工作就是在中埃两国友好往来的大环境中应运而生。

这项工程作为中埃两国友谊之花结出的硕果，位于埃塞俄比亚南部，呈南北走向，北起埃塞索多附近，南抵肯尼亚边境交界，铁塔共计 994 基，埃塞俄比亚境内线路总长约 445 公里。工程由中国电力技术装备有限公司投资建设，分为 Lot2、Lot3 两个标段，分别由吉林送变电有限公司和新疆送变电有限公司施工完成。该项工程的顺利投产将极大改善埃塞俄比亚的电网结构，提高供电可靠性。线路沿途约有 60% 的山地，30% 的高山大岭，10% 的丘陵，其中在 Lot3 标段接近肯尼亚 70 公里处的无人区共有铁塔 80 基，地形起伏跌宕，气候冷暖不均，验收工作的难度可想而知。

Mo Tu We Th Fr Sa Su

DATE

《孙子兵法》有云："知己知彼，百战不殆。"面对陌生的环境和诸多不确定因素，本着展示中国企业良好形象素质和对埃塞俄比亚电网发展做出积极贡献的态度，公司党委周密策划验收方案。为掌握现场第一手资料，岁末年初，委派由 3 人组成的"探测先锋队"到埃塞俄比亚进行实地考察，了解当地人文地理、风土民情以及线路工程的施工情况、建设标准，为第二批到来的验收主体团队提供可靠参考资料。

在充分的准备后，2018 年 3 月 23 日凌晨，验收团队踏上了飞往埃塞俄比亚的征程。当地时间 3 月 23 日 6 时 20 分，抵达埃塞俄比亚首都亚的斯亚贝巴，全面展开了为期一个月的验收工作。

团结一心
攻坚克难
展铁军风采

密布的河沟、起伏不定的山地、变幻莫测的天气……在这片充满原始色彩的地方，一条名叫"9 号公路"的道路是附近唯一被"人工雕琢"过的地方。落后的基础设施与恶劣的环境给验收工作带来了巨大挑战。

4 月，工程沿线进入雨季，降雨量骤然增大，泥巴裹在车轮上，粘在鞋上、腿上，让人寸步难行。荆棘丛生的地面，一不注意就会有尖锐的长刺刺穿鞋底。蚊虫叮咬更是巨大威胁，当地蚊虫不仅毒性很强，而且会传染疟疾等疾病。虽说线路附近有 9 号公路，但是这条路与铁塔之间平均距离超过 5 公里，并不能为验收带来太多方便。

船到江心，怎可回头？百舸争流，奋楫者先！

面对种种困难，验收队员们没有一个人喊苦叫累，在党员负责人的带领下，按时按量地完成验收任务——平均每人每天 4 基铁塔，2 公里走线。

Mo Tu We Th Fr Sa Su DATE

为了最大程度地利用有限的时间，验收队员们压缩吃饭的时间，随身携带食物。泥泞的地上、施工车辆旁、铁塔下都是他们的饭桌。压缩饼干、巧克力，一连数日吃到反胃。每天返回驻地一般在晚上八九点之间。这时大家还要总结当天工作、布置第二天工作任务，每天睡觉的时间也就 6 个小时左右，“倒头睡”成为一种常态。但第二天所有队员都以充沛的精力投入到新的工作中。验收队员们就是在这种高强度的工作状态下和恶劣的工作环境中团结一致，戮力同心，发扬铁军精神，圆满完成了初检任务，共整理出近 7000 条缺陷，为埃肯线路顺利投运提供了安全保障。

其中，在 Lot3 标段无人区的验收工作几乎达到了“荒野求生”的地步，让人毕生难忘。该标段灌木丛生，野兽毒虫泛滥，自然环境保持原始状态，平均偏离 9 号公路 50 公里，交通极其困难，基础设施极度匮乏，没有通信信号。面对恶劣的环境，验收队员们通常早上 6 点出发，经过 2 个小时左右的车程，才能到达验收铁塔附近。晚上返回驻地时，早已是饥渴难耐、疲惫万分。每逢暴雨，无人区便成为一片沼泽，验收队员们只能在主路上等候雨过天晴，实地考察路况，商讨确定最佳的行程路线、验收方式和联系方法，在保障安全的前提下开展工作。周密的工作计划、严明的工作制度、强大的工作落实力度，以及身上不服输的精神深深感染着身边的每一个人。当无人区 80 基铁塔这块“硬骨头”在 6 天内顺利完成，所有队员的脸上洋溢出胜利的微笑，业主、施工单位和当地员工都为我们高效率的验收进度赞叹不已，不由自主地为我们竖起了大拇指。

Mo Tu We Th Fr Sa Su DATE

团结友爱
互帮互助
搭起中非连心桥

由于地域风情不同，为和当地居民友好相处，确保人身安全，验收组提前与业主、施工单位进行沟通，租用当地施工车辆，雇佣当地司机和警察，保障线路验收顺利开展。

“我们有一位验收队员曾在施工当地被劫持过，还好得到了当地民众的全力帮助，最终化险为夷……”一名验收队员在谈起那段劫后余生的验收经历时，既有后怕又感幸运。

那是发生在 Lot2 段线路验收过程中。一位队员徒步行走在赶往施工地的途中，在穿过一片香蕉林后，一柄长刀拦在身前。就在他被吓呆的瞬间，刀已经架在脖子上。

这名队员随身携带的工具包、手机等物品被劫持者拿走。后来在当地居民和雇佣的司机积极帮助下，与劫持者沟通交流，问题最终妥善解决，工具包和手机也全部归还。

劫持事件过后，当地居民与验收队员的友谊进一步加深。线路沿途经常看到，黄皮肤的中国人教黑皮肤的埃塞人学说中国话，埃塞人教中国人如何避免毒虫侵扰，一幅幅中非友谊的和谐画面温暖人心。

开斋节是埃塞俄比亚伊斯兰教的重大节日，伊斯兰教信徒每到这一天就会放假庆祝（相当于中国的春节法定节假日），任何人、任何事都不能阻止当地人休假。而验收关键期，正好遇到开斋节，雇佣的当地司机按照风俗要停工休假，这势必直接影响工期。在进行了耐心的解释和多次的沟通后，对方还是犹豫不决，一名队员指着工装臂膀上熠熠闪光的“党员示范岗”臂章，并在手机上把“中国共产党”翻译成英文，对方看后终于点头，同意了开斋节假日继续配合验收工作，从而保证了工期顺利推进。

4 月 21 日，这个特别的日子，是验收队员们终生难忘的日子。这一天，参与海外作业的员工们圆满完成埃肯 500 千伏直流输电线路的初检工作，怀着无比自豪的心情顺利回国。公司上下早早等候他们胜利归来，和他们拥抱握手，献上鲜艳的花朵并合影留念。验收代表汇报工作后，公司对此次验收成果给予高度的评价，对验收队员们勇往直前的精神给予高度称赞。踏上祖国的土地，河北送变电铁军终于可以自豪地说：“我们不辱使命，赢得了胜利！”

Mo Tu We Th Fr Sa Su DATE

深耕海外
扎根泰国

Mo Tu We Th Fr Sa Su DATE

深耕海外 扎根泰国

南瑞集团作为国家电网有限公司直属单位，深入贯彻落实国家电网有限公司社会责任理念，切实把全面社会责任管理融入企业发展战略，积极响应国家电网有限公司海外履责号召，携手伙伴，精诚合作，成果共享，互利共赢。

泰国变电站升级改造及新建总包项目是南瑞集团在泰国首都曼谷实施的一个海外重点项目。从 2007 年开始至今，共计实施 91 座变电站，新增变电容量 4860 兆伏安，有效提高了曼谷整体电力供应的可靠性、稳定性及自动化水平，有力地担负起曼谷地区政治及商业文化重点区域的供电任务。南瑞集团在泰国变电站项目开展过程中深耕当地，坚持负责任的本土化运营、能源供应、供应链管理，坚持发展成果与当地共享，携手伙伴共同成长，为客户、伙伴、社区等利益相关方创造价值，在为当地提供坚实电力保障的同时，更带动了当地电力行业和当地经济的发展，赢得了各界赞誉。

普拉沙纯（PRACHACHUEN）变电站是南瑞集团受泰国大都市电力公司委托的一个新建变电站项目，于 2012 年完成设计，2016 年开始施工。2014 年，变电站旁边新建成一所幼儿园并招生运营。2017 年 2 月 27 日，幼儿园以高压电线的电磁辐射会影响幼儿大脑发育为由起诉泰国大都市电力公司侵权。

法院判决，普拉沙纯变电站选址设计在前，幼儿园建成运营在后，故判定电力公司不存在侵权行为。但为了保护幼儿的健康与安全，项目团队通过与业主以及施工方的多次沟通协调，决定将原来的电线杆位置进行变更。电线杆位置的变更虽然延长了施工周期，增加了施工成本，但这份责任担当却为南瑞集团融入社区打开了一扇大门。

Mo Tu We Th Fr Sa Su

DATE

当地社区居民有感而发："南瑞集团是一个很负责任的中国企业，他们在这里修建变电站，经常会对周边用户进行走访，了解我们的诉求。施工过程中一旦出现噪声，南瑞集团都会及时解决，让我们的生活不会受到变电站修建的影响。"

项目团队在泰国的建设运营过程中注重对当地社区的回馈，坚持取之于社会、服务于社会、回馈于社会的理念，与当地电力公司联合开展慈善活动，包括购买红十字会针对贫困百姓发行的彩票，赞助当地贫困小学、捐助书本等，严格遵守国家电网有限公司认真履行社会责任、做优秀企业公民的要求。

只有做好项目，才能实现与利益相关方的互利共赢。下属南瑞国际公司项目团队为了更好地做好项目履约执行工作，坚守着"5+2"以及"白加黑"的工作强度。

2017 年 7 月 24 日，泰国变电站升级改造及新建总包项目 PC 站 115 千伏 GIS 正式运输进站，为了避开交通管制，运输时间选在了凌晨。看起来不起眼的工作，都需要项目组在活动开始前做好详细策划、排兵布阵和沙盘演练，把关键工作规划精确到每小时。整个项目就是通过这些详细的策划确保关键里程碑可控。那日凌晨，项目组拖着厚重的被子和折叠椅蹲守在现场，两两互相替换休息，翘首以盼。就在黎明时分，运输车缓缓开进工地。项目组成员们高兴得一把掀掉身上沾满露水的被子，迎着朝阳开始了一天的工作。

Mo Tu We Th Fr Sa Su DATE

为了更好地开展项目履约执行工作，圆满完成任务，没有一个健康的身体是做不到的。每天早晨天还没亮，项目组就三三两两起床跑步，一般是绕着办事处周边 3 公里跑上一圈，然后回到办事处开始泰语和英语练习，半个小时的语言学习结束后就开始一天忙碌的工作。通常是微信、邮件、电话一个都不能少，一会儿是中文，一会儿是英语，一会儿是泰语，切换自如。这种“拼命三郎”精神浸润着整个团队，工作热情高涨。

在谈到项目团队的管理成效时，泰国当地总包单位总是竖起大拇指，项目团队这么少的人，竟然可以这么快速地顺利地完成项目，他们觉得不可思议。在他们眼里，许多绝对不可能的事情，最后居然都变成了可能！也难怪，他们认为不可能完成，那是基于当地的办事效率和工作方式，可是他们没有想到的是，中方团队中居然有这么多“拼命三郎”！项目团队高效地协调沟通，夜以继日地加班赶工，确保了一个又一个项目的顺利交付！

随着南瑞集团泰国工程服务子公司成立，南瑞国际公司将扎根泰国，进一步推动本地化经营，从销售、技术、工程实施到项目维保，更多地聘用当地员工，促进就业，继续与各方合作伙伴携手，支持更可持续的能源供应，服务泰国经济社会发展。

Mo Tu We Th Fr Sa Su DATE

“一段路”两国情

Mo Tu We Th Fr Sa Su

DATE

“一段路”两国情

潘切市是越南平顺省的省会，坐落在北纬 16 度 20 分以南，高温多雨，是越南重要的捕鱼区。雨季来临，海浪翻涌的清冽，丛林之中仙女溪的流水汩汩让人恍如走入仙境；旱季时节，美奈沙漠一望无际的金光灿灿，能把瓦蓝瓦蓝的天空烘出耀眼的金边。这是一个只应出现在画家笔下的纯美世界。

在这纯美世界里，越南永新燃煤电厂一期项目正如火如荼地推进。该项目建设规模为两台 60 万千瓦级超临界火电机组，主机和辅机全部采用“中国制造”的设备，总投资 17.55 亿美元，是响应中国“一带一路”建设倡议的重点项目，也是中越经贸合作五年发展规划的重点产能合作项目。在这个项目里，近 40 人的国网湖南电力科学研究院“电博士”团队，负责整个项目的启动调试工作，涵盖两台机组的分系统调试、整套启动调试、168 小时可靠性运行、特殊试验、涉网试验、深度调试及 APS 调试工作。他们是中国设备由安装转运行的最后把关人。从进场开始，“电博士”团队就高度认识到自己的责任重大，中国技术水平的高低很大程度上掌握在他们的手中，对环境负责、对利益相关方负责更是他们需要重点关注的目标。

Mo Tu We Th Fr Sa Su DATE

“要像爱护眼睛一样爱护我们共同的天空”

刚接手越南永新燃煤电厂一期的基建调试项目时，环保专业负责人车垚博士还是有些忐忑的，特别是当他了解到项目驻地就在风景如画的海滨，突然感觉这份责任变沉了很多。“我们要把设备潜能发挥到极致，要尽可能把对环境的影响降到最小，不论是在国内还是国外，我们都要像爱护眼睛一样爱护我们共同的天空。” 环保调试成员吴仁军对车博士在项目部环保专业第一次专业会上讲的话记忆犹新。

豪言壮语要变成现实，需要付出足够的艰辛。车博士带领的环保专业调试队伍在近一年的调试中，把现场上千个阀门、上百台大小设备、上万句逻辑翻来覆去地检查、调校了三遍，喷氨优化调整方案、逻辑性能优化更是由他们组织 EPC 项目部、项目承建单位、电厂运行人员讨论了四次。在调试方案的基础上，他们还整理和细化了《环保指标达标排放技术策划》《废水零排放技术策划》《启动过程中的水、汽、油指标控制技术策划》等三项精细化措施。在第一台机组可靠性（满负荷）试运行前，烟尘、氮氧化物、二氧化硫排放浓度已经达到设计保证值。当看到参数符合要求，调试人员长长舒了一口气，设备厂家也已经满脸笑容。刚从 40 米高的 SCR 反应器下来，满头是汗的车博士一走进控制室，用力地撸了一下刚挣脱安全帽被汗水浸透的头发，一脸兴奋地说：“兄弟们，刚才我到现场标定了一下参数，我觉得把喷氨调门进行适当调节，氮氧化物排放浓度应该还有降低的可能。”总是不断追求完美，总是不满足于现有的成绩，在车博士的眼里，环保达标只是及格线，再优化点、再调整一下，这是环保人士最大的职责。

习近平主席 2015 年 11 月 6 日在越南国会发表《共同谱写中越友好新篇章》的演讲时强调：“我们不仅仅是山水相连的友好邻邦，更是利益相融、目标相同的命运共同体。”国网湖南电力科学研究院“电博士”团队把实现“环保绿色电厂”作为建设命运共同体的具体措施，扛在肩上，落在实处。

Mo Tu We Th Fr Sa Su DATE

"要真正体现中国技术水平"

2018 年 5 月 1 日深夜，"电博士"们围坐在工程师站，眼睛盯着电脑控制显示屏，思考着如何进一步提高机组的智能化和自动化水平，彻底解放人手和人脑。这项工作在调试入场时就已经被项目经理雷霖重点提了出来，"我们的工作目标是最大程度发挥中国设备的性能优势，作为第一次走出国门的湖南电科院，我们的职责是要真正体现中国技术水平"。热工自动化系统是电厂的大脑，自动化水平的优劣很大程度决定着调试水平的高低，项目副经理、热工自动化负责人陈厚涛博士从工程开始就一直承担着不小的压力。现在到了关键时刻，一号机组 RB 试验很快就要开始了。

23：00，宽敞明亮的集中控制室挤满了中越两方的技术人员，他们神情专注。陈厚涛、王锡辉二位博士正襟危坐。各参建单位的领导和技术人员里三层外三层团团围在监控大屏前，大家都屏住了呼吸。"拉掉 A 侧送风机"，调试总指挥雷霖下达的指令干脆利索。"A 侧送风机已拉掉"，运行人员短促的汇报声在集控大厅显得格外的清晰和洪亮。很快，大厅里响起此起彼伏的报警系统的事故警报，拥挤的集控大厅竟显得比平时空旷了很多。红色报警信号在大屏上闪烁，运行人员仔细查看着设备参数。时间在一分一秒流走，大屏上由于 RB 试验出现的陡峭曲线慢慢地变得平缓、稳定。20 分钟过去了，机组达到了新的平衡点，集控室里响起了雷鸣般的掌声。陈博士在调试记录本上记下了这样一行字："23：46，送风机 RB 试验结束，RB 动作正常。"很少有人知道，为了写下这简单的一行字，他熬过了多少个不眠夜。

陈博士的故事只是"电博士"团队不懈追求完美的一个缩影。为了深入践行中国的设备、技术、标准、文化"走出去"战略，这些"电博士"孜孜不倦地在各自的岗位攻坚克难，履行着电力技术引领者、中国文化传播者的职责。

Mo Tu We Th Fr Sa Su DATE

“我们有义务为越方培养优秀人才”

“每调试一个项目，我就觉得自己完成了一件作品，就像是在培养自己的孩子。”项目经理雷霖经常跟人聊起他对曾经的调试项目割舍不掉的情感。对于倾注了他全部心血的永新一期调试项目，这份情感有点儿浓得化不开。从 2017 年 6 月开始，他就安排专业人员着手对各个专业开展培训，《脱硫系统运行与调试》《厂用电受电调试培训》《超临界锅炉调试与运行讲义》《汽机调试培训》……打开他的电脑，各个专业有针对性的培训讲义整整占了 1GB 的存储空间。“能讲透的就讲透，不要担心教会徒弟饿死师傅，我们有义务为越方培养优秀人才。”每次培训前他都这样跟调试专家交代。就这样，仅前前后后组织的大型培训就有十场，培训人数达到 500 多人•次。

黎功德是越南平顺省人，作为优中选优的新毕业越南大学生，他被安排在集控运行的岗位工作，是一名实际运行操作的“小白”。每次培训的时候他提出的问题最多，做的笔记也最工整。他的好奇和勤奋获得了“电博士”们的青睐。每一个试验和操作都喊他来观摩和学习，简单的操作更是亲自监护。在锅炉首次点火时，这个半年前连设备名称都不认识的新进大学生，已经能够在监护下进行设备的简单操作，能够准确地进行现场设备的巡视。

“调试一个项目，带出一批能手”，这是国网湖南电力科学研究院在永新一期调试项目的工作原则。在调试过程中，他们通过理论培训、实践指导、技术宣贯等多种手段，全方面对越方技术人员进行培训和教育，很多像黎功德一样的越南技术人员正快速成长。

永新项目还在继续，国网湖南电力科学研究院的“电博士”们还在为更好地发挥中国设备的性能优势默默地努力，“共商、共建、共享”的故事还在不断发生……

Mo Tu We Th Fr Sa Su DATE

“中国人，
你们是世界一流的！”

Mo Tu We Th Fr Sa Su DATE

“中国人，你们是世界一流的！”

2016 年 12 月底，台风“洛坦”席卷菲律宾沿海。狂风暴雨肆虐之后，来自受灾现场的消息，一天天不断传来：菲律宾电网（NGCP）大面积断电以及大量电网设施损毁，菲律宾百姓遭受灾害、流离失所，生产生活受到了严重威胁！中国国家电网有限公司拥有 NGCP 电网经营权 40% 的股份，作为 NGCP 的技术支持方，国家电网有限公司迅速行动，“点将”国网江苏省电力有限公司。

“下马威”般的初见景象

走出国门援救，是国网江苏电力历史上的第一次。很快，由国网江苏电力组织的 7 名专家小组就启程出发，这支“突击队”集齐线路勘测、设计、施工等多路精兵强将。2017 年 1 月，他们从零下 10 摄氏度的北京首都国际机场，飞向 37 摄氏度高温的菲律宾首都马尼拉，奔赴风灾现场紧急驰援。

一路上，专家们抓紧一切时间仔细查看资料，商讨技术方案。组长王庭华，国网江苏电力经济技术研究院设计中心主任，是一位有着 30 年丰富工作经验的老电力人。他明白，这次任务有可能是难啃的“硬骨头”，然而，他的心中却并没有那么忐忑——因为，临行之前，专家组已经提前做足了准备工作，搜集了菲律宾当地近 30 年的气象报告，加班加点翻译、整理资料，详细了解了受灾地线路的组织架构、地形地貌，分别以国际标准、国内标准做了三套不同救援方案——“这场硬仗，我们有信心、也有实力赢得漂亮！”

Mo Tu We Th Fr Sa Su DATE

从菲律宾首都马尼拉，乘坐支线小飞机，颠簸了一个多小时，突击队才来到了宾比科尔地区。呈现在眼前的，原本应该是茂密、美丽的热带雨林，然而灾后的一片狼藉景象，让国网江苏省送变电有限公司专职工程师王志华大吃一惊。这位“老施工”曾参与江苏“6•23”阜宁风灾、2008 年特大雪灾等重大电网援建任务。但是这一次，看到眼前的景象，他还是倒吸一口凉气：“这里受灾现场损毁情况真是太严重了！”

台风“洛坦”每秒 60 公里的风速威力十足，眼前的大地满目疮痍，像被扫荡了一样，倒伏的铁塔连起来足足有 20 公里长，遍布湖泊、田地、山涧和道路。中国专家组们的任务，是要将每一处倒塔现场都勘察准确，这可是相当棘手！

突击小队杠上了“铁人三项”

道路泥泞难行，暴风雨时不时来袭，但是为了详细勘察线路铁塔损毁情况，专家组顾不得辛苦，驱车行驶在泥泞的小路上。很快，汽车就开始蹒跚不前，大家只能下车步行。

王庭华，这位平时跑马拉松、练皮划艇的硬汉，在高温潮湿的热带雨林中也一度一筹莫展。衣服湿了，鞋也湿了，在崎岖难行的山路上，他只能凭着一支捡来的木棍支撑前行。没多久，人人身上就都湿透了，根本分不清哪是雨水，哪是汗水。

最让专家组印象深刻的，要属一座“竹竿桥”。山林里，几根破旧的竹竿简单地捆在一起，看上去晃晃悠悠。竹竿淋了水本来就滑，人一旦掉到湍急的河水中，可能捞也捞不着。长时间的行走已经让大家疲惫不堪，双脚乏力，要过这晃晃悠悠的竹竿桥，大家伙儿心里不得不憋住一口气，过桥的时候，简直可以说是大气不敢喘一口啊！

Mo Tu We Th Fr Sa Su DATE

为了赶到最远的一个塔，他们前行了整整 16 个小时。“比铁人三项时间还长！”平均年龄近 40 岁的突击队员们互相打趣道。

有一天，刚刚下过暴雨，菲方工作人员劝他们：“今天这样的天气出去，道路非常难走。要不，今天大家就在宾馆休息一天吧。”中国专家讨论后，还是一致决定，时不我待，能抢一刻是一刻！听闻此言，菲方人员大吃一惊：“你们中国人真的太拼了！我们这里来过美国专家，来过印度专家。但是，你们中国国家电网有限公司派来的专家，是我们所见过的最执着的一群人！”

然而，艰难跋涉到达暴雨后的一片洪水洼地，专家组还是深吸了一口气：这里一面临海，一面是高山，塔全部倒在洪水中。为了查勘险情，大家只能在漫过了腰部的洪水中淌水前进，水里的石头湿滑、植物缠绕，每走一步都异常困难，对人的意志力是严峻考验。这天的工作，从清晨一直持续到了晚上 9 点。风里雨里，从不放弃，中国人这种敢于担当、敢于啃硬骨头、敢于涉险滩的敬业奉献精神，把菲方人员深深折服了！

“谢谢你们，中国朋友！”

在风雨泥泞中结束紧张的工作，回到驻地后，中国专家组竟然还有一个让人意想不到的举动：大家不约而同地脱下满是泥水的鞋子和外套，小心翼翼地裹在手上拿回房间。大家在房间水龙头下冲洗着登山鞋，黄泥水哗啦啦地直淌。“毕竟我们出来后，代表着的是中国人的形象。”

一方面是每天紧张密集的工作，另一方面是诚挚敬业的精神状态，中国专家组在当地的口碑迅速传开。有一次，在深夜回驻地的路上，专家组乘坐的一辆越野车由于打滑，侧翻下了山沟。虽然万幸没有人员受伤，但夜色越来越沉，步行下山又太漫长，正当整个团队一筹莫展、人困马乏的时候，突然传来了喧闹的人声。原来是附近的村民们自发赶来帮助，大家齐心协力把越野车从山沟里抬了出来！虽然语言不太通，但是菲律宾村民们比画着手势，简单说着:“谢谢你们，中国朋友！”夜色中，那一张张真诚的笑脸，让在风里雨里跋涉的专家们从心里汩汩流淌着滚烫的感动。

Mo Tu We Th Fr Sa Su DATE

匆匆十几天，倒塔现场详尽的勘测、完整的输电线路资料搜集、新路径的规划踏勘……一系列周密、详尽的工作终于走向尾声。当这支穿着黄色工作服的工作团队风尘仆仆地从海外归来，抵达南京禄口国际机场时，已经是大年三十了。

下午 3 点，机场边检的工作人员好奇地打量着这群“特殊”的人：“这么晚的飞机回来？你们是去做什么的？”

“我们是代表中国去菲律宾援建电力的！圆满完成了任务！”专家们自豪地回答。

“辛苦了！”边检人员感动地给他们竖了个大拇指：“欢迎你们回家！”

“毫无疑问，
你们是世界一流的！”

到家，王庭华的妻子已经准备好了一桌除夕团圆饭。为了感谢妻子常年在背后默默支持自己的工作，王庭华在飞机转机时，抽空给她买了一盒化妆品以表歉意。“说实话，我们每个电力人，常年紧绷着一根弦，节假日值班是常态。”他说，当接到这次紧急救援任务后，心中并没有多想，任何一个任务安排下来，尽职尽力而已。“我是老党员，也是单位的支部书记。况且出去了，就不是代表着我一个人，是我们中国国家电网的形象，不能有半刻松懈。”

从“小家”到“大家”，背后最强大的支撑，是我们强大的国家。如今，中国国家电网有限公司正在积极推动构建全球能源互联网，主动参与“一带一路”国家电网基础设施网络建设和跨国跨洲联网项目建设，输出“中国方案”，在推动全球能源革命中，中国的话语权和影响力越来越大了。

Mo Tu We Th Fr Sa Su DATE

为什么我们能自信地挺直腰杆说话？“因为我们就代表着世界最高技术！”专家组组长王庭华说，“无论是电网规模还是电网等级，如今的中国在世界上都名列前茅。单单我们江苏电网的容量，就已经超过德国、法国、澳大利亚，最大负荷达到 1.1 亿千瓦时。当前世界上最先进的技术，比如世界上唯一在运行的特高压、UPFC、全世界最大的特高压长江隧道管廊……这些都是我们在做！”

过硬的技术，就是最根本的底气。在全球能源互联网的建设中，中国的技术、标准、装备等全方位走出去。中国的电力工程师，同样也越来越多地走出国门，走上世界舞台，向全世界展示我们高大上的“酷炫”技术。

2017 年 2 月底，团队再次飞向了菲律宾。有了上次充分详尽的前期实地调研工作，专家组带来了更加专业、更高水准的方案。之前，菲律宾电网大部分线路由英国、印度等国家建设而成，抗风能力仍停留在 20 世纪七八十年代标准。这回援建，针对该地这么多年来风灾引发的倒塔问题，中国专家提出了专业的一揽子建议，杜绝台风造成的电网安全事故。

“菲律宾国家电网的问题，英国解决不了、印度解决不了，最后是你们中国国家电网有限公司帮忙解决了。”这一次，菲律宾同行被中国专家组的技术水准和精神状态彻底折服，并且由衷表达了至高的敬意：“毫无疑问，你们是世界一流的！”

Mo Tu We Th Fr Sa Su DATE

图书在版编目（CIP）数据

国家电网有限公司海外履责故事汇．2018 / 国家电网有限公司编．— 北京：中国电力出版社，2018.11

ISBN 978-7-5198-2604-8

Ⅰ．①国… Ⅱ．①国… Ⅲ．①电力工业－跨国经营－概况－中国－2018 Ⅳ．①F426.61

中国版本图书馆 CIP 数据核字（2018）第 246781 号

出版发行：中国电力出版社
地　　址：北京市东城区北京站西街 19 号（邮政编码 100005）
网　　址：http://www.cepp.sgcc.com.cn
责任编辑：周天琦　高 畅（010-63412243）
责任校对：黄 蓓　郝军燕
装帧设计：北京大良造品牌顾问有限责任公司
责任印制：邹树群

印　刷：北京雅昌艺术印刷有限公司
版　次：2018 年 11 月第一版
印　次：2018 年 11 月北京第一次印刷
开　本：710 毫米 ×980 毫米　16 开本
印　张：9 印张
字　数：214 千字
定　价：30.00 元
